四季を感じる保存食

まいにちの漬け物

ませき じゅんこ
漬物名人 じゅんちゃん

池田書店

はじめに

簡単でおいしいですよ
野菜嫌いの人こそぜひ

私にとって漬け物は、暮らしと切っても切り離せないものです。

私は長野生まれですが、生まれたときから食卓には必ず漬け物が並んでいましたし、お茶請けも漬け物。嫁ぎ先も漬け物がないとご飯が食べられないという家庭だったので、当たり前のように自分でも漬けるようになりました。

しかし世間では、食卓に漬け物が上らない、なじみがないというご家庭も増えていると聞きます。普段から漬け物を食べるという人でも、買って食べているという人が多いかもしれません。漬けるのは面倒くさそうという印象があるからでしょうか。

これは思い込みです。一度実際に漬けてみてください。意外に簡単に作れたり、

作り置きとして一品増やすのに便利だったり、栄養価がアップしたりと、たくさんの魅力に気づけるはずです。

　この本では、初めて漬け物に挑戦する人でも気軽に作れるように、漬け込み以外は10分程度で終わるようなお手軽時短レシピもたくさん紹介しています。すぐできて1年以上保存がきくレシピもあります。

　また、味わいが変わるので、生野菜よりずっと食べやすくなります。野菜に対するイメージが変わると思うので、野菜嫌いの人にこそ、ぜひ食べていただきたいです。

塩分ひかえめなので
血圧が気になる人にも！

　漬け物は好きだけど塩分が気になるという方もいらっしゃるかと思います。

市販されている漬け物だと、大量の塩分が使われている場合もあります。

一方、この本で紹介するレシピでは、なるべく塩分を減らして酢でまかなうようにしています。私のこだわりです。

酸っぱくならない？　と心配される方もいるかもしれませんが、ほとんど気にならないと思います。むしろ、味がまろやかになって食べやすいという声を多くいただいています。

ただ、もしかしたら少し薄味かなと感じる方もいるかもしれません。その場合は、漬け込む時間や調味料の配分を変えていただいても大丈夫です。

季節やお住まいの地域によって手に入る野菜も違うでしょうから、それに合わせて入れるものを変えてみてもいいと思います。旬の野菜をいただいて、その季節を味わうことも漬け物の醍醐味です。

この本で紹介するレシピは私が試行錯誤を繰り返して生み出したものですが、漬けたら味見をしてお好みの味に調節してくださいね。

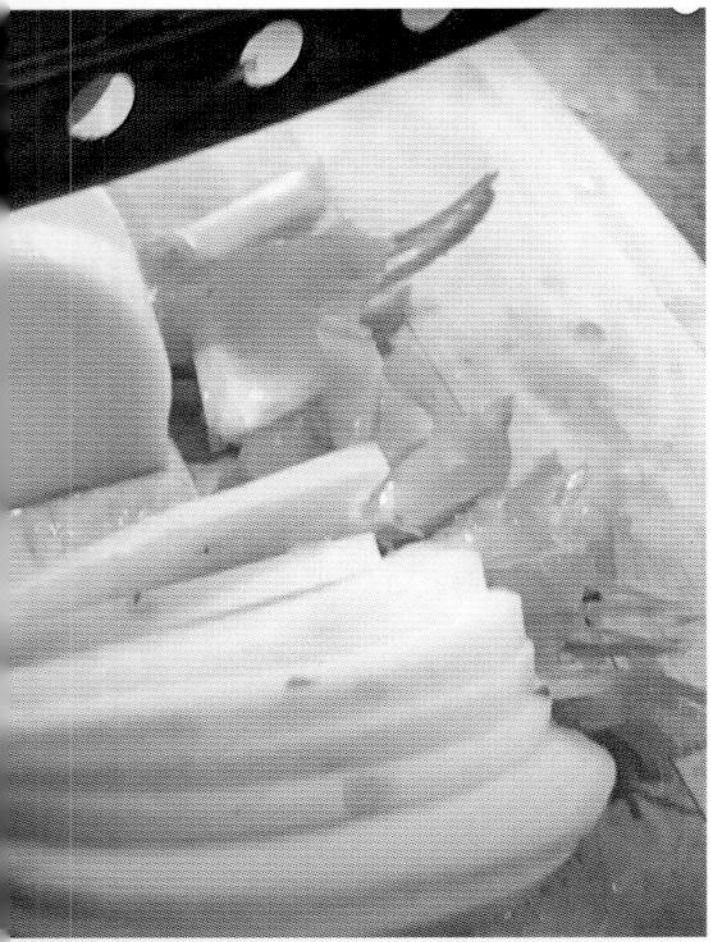

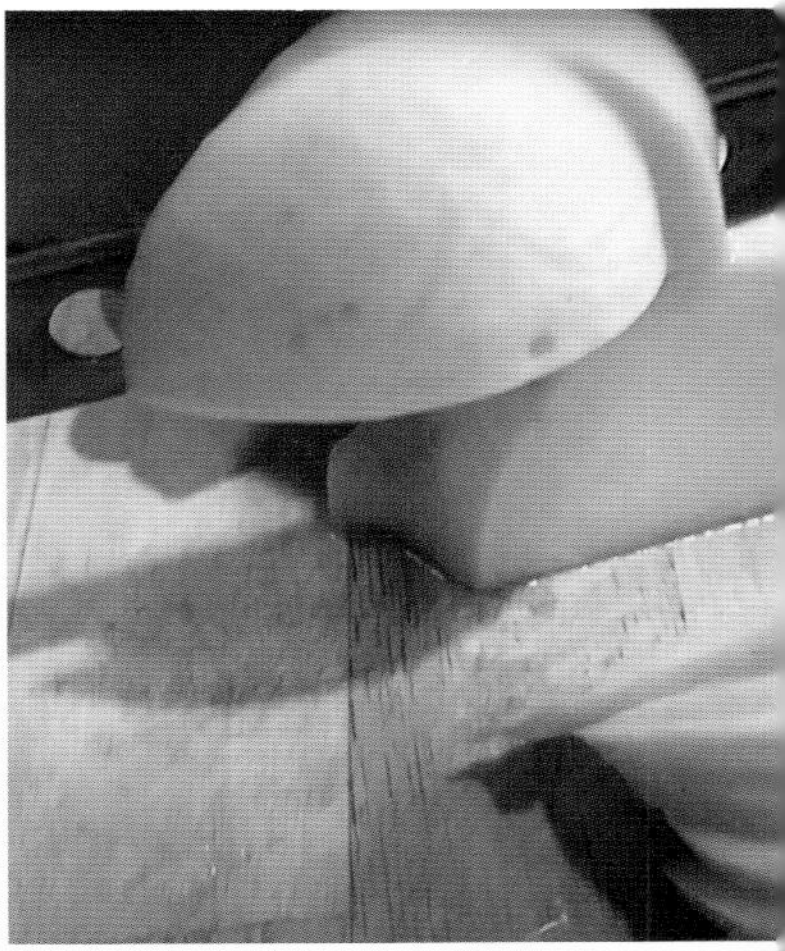

家族を笑顔にする
「備える台所」を目指して

漬け物を作るうえで、私は「備える台所」を目指しています。食卓をとおして家族を笑顔にする、その手段の一つが私にとっては漬け物です。

漬け物を用意していれば、時間をかけずにたくさんのおかずを食卓に並べることができます。とくに野菜の少ない冬場には心強い存在。バランスのよい食事がとれて、健康な体づくりにもつながるはずです。漬け物だけが理由とはいいませんが、漬け物をよく食べる長野県は、国内でも指折りの長寿県です。

また、長期保存に向かない野菜がたくさん手に入ったときは、新鮮なうちに漬けておけば食品ロスも減らせますし、災害やパンデミック時の非常食にもなります。

「おふくろの味」が家族の絆をつなぐ

食事は人の暮らしの中心です。家族の絆《きずな》をはぐくむ場所でもあると思います。それぞれの家族にとっての「味」を作っていく、これも家族の絆ではないでしょうか。

私はＹｏｕＴｕｂｅで漬け物の作り方を紹介しているのですが、実際、視聴者さまから、家族との思い出についてメッセージをいただくことがあります。「おふくろの味」「おばあちゃんの味」が思い出されるようです。配信を始めたのは、娘から「漬け方を知りたいから、動画を撮らせてもらっていい？」と言われたのがきっかけでした。漬け物は日本の大切な食文化です。あなたの家庭の味に、この漬け物たちを加えていただけたら、こんなにうれしいことはありません。

もくじ

2章 季節の漬け物と保存食

3章 果物の漬け物と保存食

漬け物ってなに？

旨味や栄養素を凝縮させた季節をいただく保存食

一般的には野菜を塩やしょうゆ、みそ、酢などで漬けたものを「漬け物」といいます。野菜の収穫ができない冬季のための保存食や、旬の野菜を長期保存するための方法として活用されます。

漬け物にすることで、野菜の旨味や味わいがアップするだけでなく、栄養価を高めることができます。たとえば、塩に漬けると乳酸菌が発酵し、ぬかに漬けるとビタミンB_1が増加します。漬け物は人間が生きていくうえで必要なミネラル・ビタミン・乳酸などを摂取できる食べ物です。また、漬けることによりかさが減るので、生野菜よりもたくさん食べることができます。

漬け物の種類

「漬け物」といっても、その種類はさまざまです。基本の漬け床の種類、栄養価、作りやすさ、保存性を一覧にまとめてみました。

この本ではほかにもシロップ（砂糖）漬け、サイダー漬けなどを紹介しています。

種類	漬け床	栄養価	作りやすさ	保存性
塩漬け	塩＋（砂糖）＋（酢）＋だし昆布＋赤唐辛子	ミネラル	種類による	塩分を多くすれば保存性が上がる
しょうゆ漬け	しょうゆ＋（塩）＋砂糖＋みりん＋だし昆布＋赤唐辛子	タンパク質・炭水化物・ナトリウムなど	★★★	★
みそ漬け	みそ＋（塩）＋砂糖＋みりん＋だし昆布	アミノ酸・ビタミン・ミネラル・食物繊維・炭水化物など	★★★	★
酢漬け	酢＋塩＋砂糖＋みりん＋赤唐辛子	酢酸・クエン酸	★★★	★★（即席漬けとしては長持ちしやすい）
ぬか漬け	ぬか＋塩＋水＋昆布・けずり節＋赤唐辛子	ビタミンB_1（長期間漬けた場合）	★	★★★
粕漬け	酒粕＋砂糖＋塩＋（ホワイトリカー）	食物繊維・タンパク質	★★	★★
べったら漬け（麹漬け）	甘酒＋塩＋砂糖	ビタミンB群・ミネラル	★★★	★
和がらし漬け	和がらし＋塩＋砂糖＋酢＋だし昆布	ビタミンB_1・B_2・ナイアシン・ミネラル	★★★	★★（即席漬けとしては長持ちしやすい）
わさび漬け	わさび＋塩＋しょうゆ＋砂糖＋みりん＋酒＋だし昆布	カリウム・カルシウム・ビタミン	★★★	★★（即席漬けとしては長持ちしやすい）
ビール漬け	ビール＋塩＋砂糖＋和がらし	タンパク質・炭水化物・糖質	★★★	★★
キムチ漬け	唐辛子＋にんにく＋果物＋塩辛類（アミ、イカ、小魚など）	植物性乳酸菌・ビタミン	種類による	★★（即席漬けとしては長持ちしやすい）

おいしく漬けるコツ

「作るのが難しそう」「管理が面倒」というイメージがありますが、ポイントをしっかり押さえれば、簡単においしく漬けられます。

Point 1 新鮮な食材を新鮮なうちに

買ってきた材料、採れたての食材は新鮮なうちに漬けます。そうすることで旨味が凝縮され、おいしい漬け物に。買いすぎてしまった野菜もそのままにせず、なるべく早く漬けてしまいましょう。

Point 2 計量と手順は正確に

当たり前のことですが、正確に材料や調味料を計量し、正しい手順で作ることが失敗しないコツ。慣れてきたら、味を自分好みに調整したり、アレンジをしたりして楽しんでください。

Point 3 温度管理と保管場所が重要

雑菌が繁殖しないよう、温度1〜15度、直射日光の当たらない冷暗所や、冷蔵庫の保管がマスト。腐らせず上手に漬けることができます。

Point 4
容器には雑菌を入れない

漬け物を漬ける容器や、保存する容器はきちんと殺菌消毒を行うこと。びんで保存する場合は、びんと蓋を煮沸消毒し、びん詰したあとの煮沸消毒も忘れず行ってください。

Point 5
食材の水分をしっかり抜く

食品を傷ませる原因は「水分」。漬ける前に天日干しをしたり、塩漬けや砂糖漬け後に一度取り出して水気をきること、重石をして短時間で水を上げることが、漬け物を腐らせない秘訣です。

Point 6
漬け汁に全体が浸るように

保存容器で漬ける場合は、ならして漬け物全体が漬け汁に浸るようにします。保存袋で漬ける場合は袋の中で漬物を下のほうにまとめ、空気を抜きながら全体が漬け汁に浸るようにし、漬け物のギリギリ上を輪ゴムで縛るようにします。これが基本です。

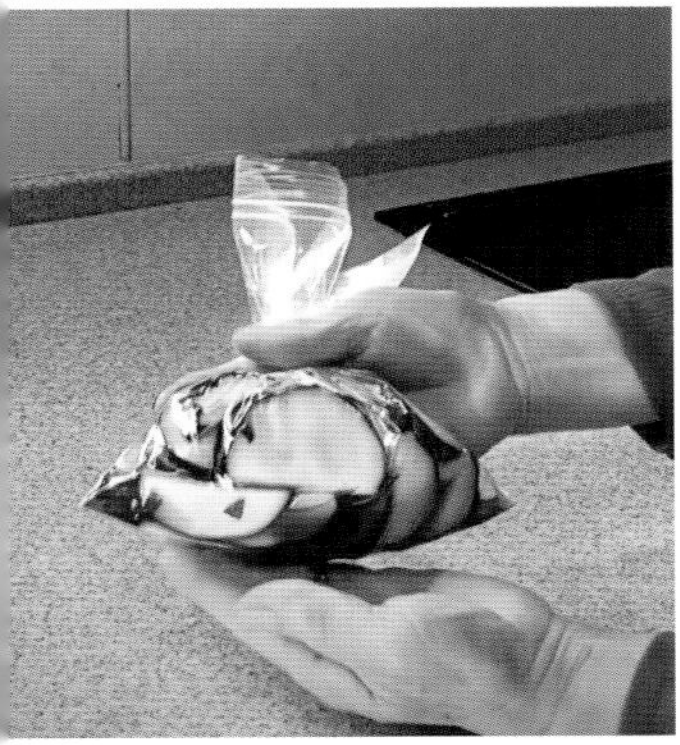

よく使う調味料

漬け物を漬け始める前に、よく使う調味料をそろえておくと便利です。
基本的には家にあるものでかまいませんが、
こだわって選ぶと仕上がりがさらにおいしくなります。

しょうゆ

濃口は香りがよく、淡口は塩分濃度が高いです。我が家で漬け物を漬けるときは、おもに淡口しょうゆを使います。もちろんスーパーで買えるものでOKですが、香りなどにこだわってしょうゆを選ぶのもよいでしょう。

濃口

じゅんちゃん
おすすめ
地元長野県松本市
「会田醤油醸造店」の
キッコウアイ
淡口

塩

塩で食材を漬けると浸透圧の差で、食材の中の水分を外へ出すことができます。精製塩と粗塩がありますが、漬け物に使うなら粗塩がおすすめ。うちでは夏野菜の長期保存は大量の塩を使うので、その場合は安価な精製塩を使っています。

精製塩

粗塩

みそ

みそに漬けると塩味の効いた漬け物に仕上がります。種類によって塩分量が違うので、レシピ通りに作るときも味見は必須です。

漬け物用みそ

最初からほかの調味料も入っているみそ。これに野菜を入れるだけで、簡単においしい漬け物ができます。忙しい人や調味料を合わせるのが面倒な人向き。

酢

さっぱりとしたさわやかな穀物酢、米の甘みを感じられるまろやかな米酢、フルーティーな味わいのりんご酢。原料によって風味が異なるので、好みや用途で使い分けるとよいでしょう。我が家ではおもに穀物酢を使っています。

穀物酢

米酢

りんご酢

砂糖

種類が豊富にある砂糖は、用途に合わせて使い分けています。私は甘みがある漬け物が好きなので、よく三温糖を使います。きび砂糖は三温糖によく似ていますが、それよりもやさしい甘さで、ミネラルが豊富です。すっきりとした甘さにしたいときは上白糖、ジャムなど果物の保存食にはグラニュー糖、コクと甘みを出したい場合には中ザラ糖を使うことが多いです。氷砂糖は溶けやすいロックタイプがおすすめです。

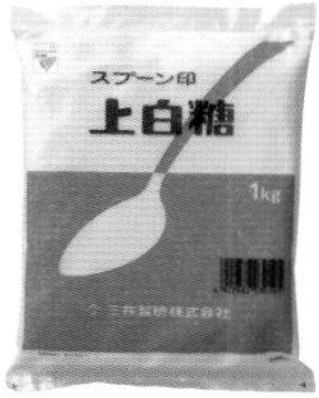

上白糖

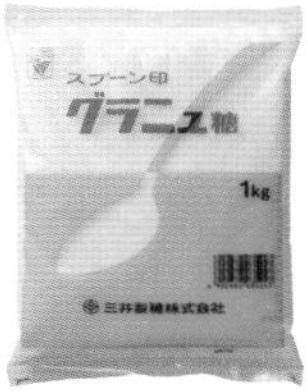

グラニュー糖

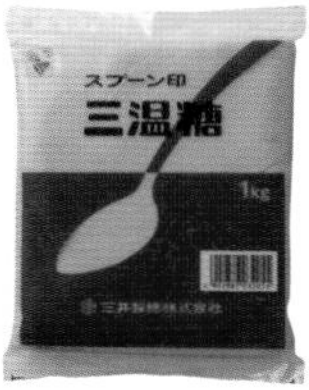

三温糖

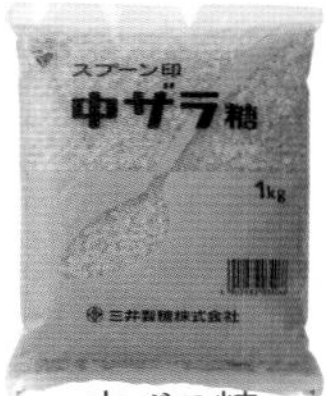

中ザラ糖

さとうきび糖

氷砂糖

焼酎

麦や芋の焼酎は味や匂いがあるため漬け物には向きません。無味無臭の「甲類焼酎」を使いましょう。おすすめはホワイトリカー（アルコール度数35度）です。

赤唐辛子

旨味を足すために加えます。粉タイプはキムチなどに使いますが、それ以外は1本のものか、輪切りを使います。

酒粕

酒粕に漬けるとやさしい甘さを楽しめます。漬け物に使うなら、板粕タイプではなく練り粕タイプが使いやすくおすすめです。

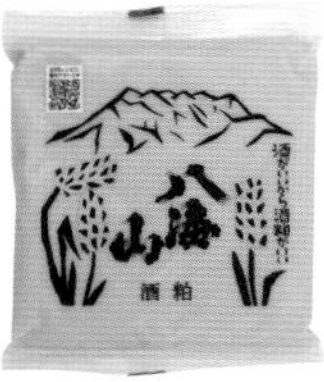

だし昆布

漬け物に旨みを加えるために使います。長期で漬ける場合はそのまま、即席漬けの場合は短く切って加えます。旨みを分散させ、短時間でも均等に旨みが入りやすくなるからです。だし昆布以外に、顆粒昆布だし、昆布茶、塩昆布を使うこともあります。

みりん

みりんを加えることで、コクが出てまろやかに。「みりん風」というものも売っていますが、漬け物に使うのであれば「本みりん」を選ぶとよいでしょう。

よく使う道具

基本的には使いやすいもの、家にあるものを使って問題ありません。
ですが、漬け物を漬けるならあったほうがよいもの、
おすすめの使い方がありますので、紹介していきます。

野菜水きり器

漬け物を漬けるうえで、水分を抜くことはとても大事なポイントです。ザルで水気をきったり、キッチンペーパーで拭き取ったりもできますが、これがあると便利で、簡単なのにしっかり水気がきれるのでおすすめです。

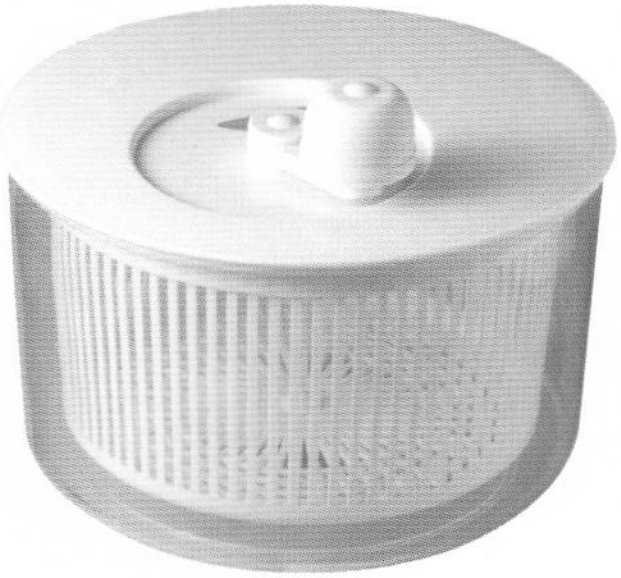

ジッパー付き保存袋

漬け物を漬けるときも、小分けにして保存するときにも使える、あると便利なアイテム。ない場合は厚手のポリ袋でも代用可能です。この本では「保存袋」と表記。

保存びん

蓋付きのタイプと密封できるタイプがあります。甘酢漬けなど、酢（酸が入ったもの）で食材を漬ける場合に適しています。１週間以上の長期漬け込み、保存に使う場合は煮沸消毒をしっかり行いましょう。この本では「保存容器（びん）」と表記。

かめ

梅干しなど、酢（酸が入ったもの）で食材を漬ける場合に適しています。漬け物の分量にあったサイズを選びます。大きいサイズを使うと、水が十分に上がらず、うまく漬からないこともあるので注意しましょう。この本では「保存容器（かめ）」と表記。

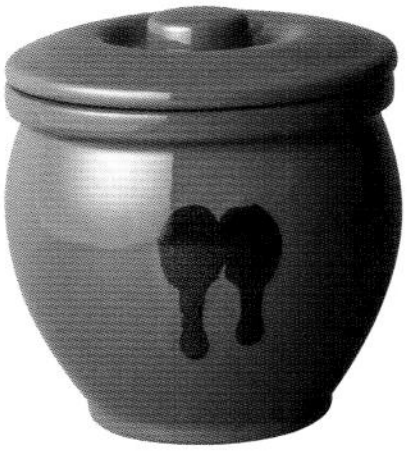

桶

さまざまなサイズ展開があり、一気にたくさんの食材を漬ける場合に使います。中蓋を入れることで中身を保護すると同時に、重石の重みを均等にかけることができるのが特徴。漬け物の分量にあったサイズを選びます。大きいサイズを使うと、水が十分に上がらず、うまく漬からないこともあるので注意しましょう。この本では「保存容器（桶）」と表記。

※桶がない場合は、漬け物容器で代用も可能です。

重石

重石を使うときは、漬ける材料の2倍の重さをのせるのが基本。それ以外の場合はレシピ内で指定しているので、必ず確認してください。

※重石がない場合はペットボトルや厚手のポリ袋に水を入れたものや皿をのせることで代用可能です。

漬け物容器

ハンドルを回すと押し板が下がり食材を押さえ付けるので、重石はいりません。この容器だけで簡単に漬け物が漬けられます。丸型と角型があり、うちでは細かく切った食材を漬ける場合は丸型、きゅうりなど長いものを漬けるときは角型を使用。耐久性なら丸型、扱いやすさなら角型をおすすめします。

この本のきまり

この本の中で紹介するレシピについて解説します。
見方がわかれば失敗がなくなり、漬け物のある暮らしをより楽しめるようになります。
漬ける時期については、96ページをご参照ください。

材料

メイン食材の野菜はgだけでなく、目安量をそれぞれの単位で記載しています。調味料などをはかる計量スプーンは、大さじ1＝15ml、小さじ1＝5mlが基準です。また、ひとつまみ＝親指、人差し指、中指の3本でつまんだ量（約1g）、少々＝親指と人差し指でつまんだ量、適量＝お好みの量（入れなくてもよい）を分量の目安として表記しています。

はりはり漬け

「はりはり漬け」とは干した大根を、酢、しょうゆ、砂糖などの調味料に漬け込んだ漬け物のこと。天日干しという、ひと手間を加えることで甘みが増し、鉄分、ビタミンなどの栄養価が大幅にアップ。歯ごたえがあり、食べると「はりはり」と音がすることからこの名前になったといわれます。

26

漬け物の特徴

食べ頃

最短で食べることができる漬け時間の目安。ですが、漬け物は漬け込むことで味わいが変わるものばかりです。味見をしつつ、自分の好みの味になるまで漬け込んでください。

保存期間

どのような環境でどれくらい保存できるかを示していますが、これはあくまで目安です。夏と冬では変わってくる場合もありますので、様子を見ながらお召し上がりください。

作り方

初心者でも作りやすいレシピを掲載しています。漬けるときに意識するとよりおいしくなるPOINTもぜひ参考にしてみてください。電子レンジの加熱時間は600Wの目安です。ただし、機種によって加熱時間は多少異なります。

保管場所

・常温

15〜25度。

・冷暗所

1〜15度の直射日光の当たらない場所。たとえば冷蔵庫の野菜室や、床下収納など。

下準備

事前に野菜を天日干ししたり処理したりしておくことで、失敗なく、おいしく漬け物を漬けることができます。

1章　定番の漬け物

大根のはりはり漬け

食べ頃
2日後

保存期間
冷蔵で
2週間
(冬)

材料
- 大根……500g（1/2本）
- ごぼう……75g（1/2本）
- しょうが……1かけら
- **A**
  - 中ザラ糖……50g
  - しょうゆ……100ml
  - 酢……75ml
  - 顆粒和風だし……大さじ1/2
  - 赤唐辛子……1〜2本

下準備
- 大根を厚さ5mmほどの短冊切りにして天日干ししておく（写真**a,b**）

作り方
1. ごぼうはささがきに、しょうがは千切りにする。
2. 鍋に湯を沸かし酢（分量外）を入れ、ごぼうを30秒ほど湯通ししてザルに上げる。水気をきって冷ましておく（酸化防止のため）。
3. 鍋に（**A**）を入れて沸騰するまでかき混ぜ、砂糖を溶かす。鍋かボウル（ステンレス製）に天日干しした大根を入れて温めた漬け汁を回しかけ、2時間ほど冷ます。
4. ボウルから漬け汁を鍋に取り出し、再度煮てアクを取る。
5. 大根が入ったボウルに、ごぼう、しょうがを入れ、**4**の漬け汁を再度かけて冷暗所で1日おく。
6. 味見をして、味を足す場合は再び**4**を行う。
7. **5**を保存袋に移し、輪ゴムで口を縛り冷暗所で2日ほどおく。

POINT
保存袋に入れて輪ゴムで口を縛るときに、大根が漬け汁に浸っている状態にすること。均一に味を浸透しやすくするため。

a
冬は日差しが弱いため晴れた日に干し、夜は屋内に取り込む。

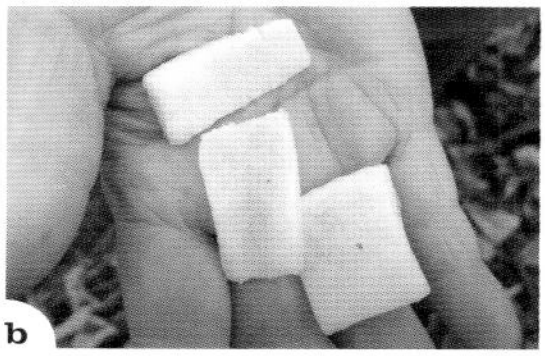

b
大根は少し反り、しんなりするまで干す。

27

1章

定番の漬け物

食卓にぜひ並べてほしい定番の味。
「おふくろの味」「おばあちゃんの味」を思い出しながら
作ったり食べたりしてみてください。

たくあん

昔ながらのたくあんは大根を10日〜2週間天日干しして水分を抜き、塩やぬかなどに2〜3週間漬け込んで作っていました。この本では、より簡単な塩と酢で漬ける方法を紹介します。名前の由来は、江戸時代に沢庵という僧が名付けた、たくわえ漬けから変化したなど、諸説さまざま。乳酸菌のほか食物繊維、ビタミン類が含まれます。

たくあん

食べ頃
1日後

保存期間
冷蔵で
2週間
程度（冬）

材料

- 大根……500g（1/2本）
- 塩……10g
- 酢……75ml
- 中ザラ糖……100g

A
- 顆粒昆布だし……小さじ1/2
- 赤唐辛子……1〜2本
- くちなしの実……1〜2個

※黄色く色付けしない場合、くちなしの実は不要

作り方

1 大根を厚さ5mmほどの半月切りにして保存袋に入れる。塩を加え袋ごとよくもんでなじませる。

2 空気を抜き輪ゴムで結んだ**1**をボウルに入れる。重石をのせて5〜6時間ほどおく（写真**a**）。

3 **2**の大根をザルに上げ、水気をしっかりきる。

4 鍋に酢と中ザラ糖を入れて、かき混ぜて煮溶かす。

5 保存袋に大根と（**A**）を入れ（写真**b**）、冷ました**4**を注ぐ。袋の空気を抜き口を輪ゴムで結び、冷蔵庫で1日ほどおく。

POINT
大根は辛くない上半分を使うのがおすすめ。

a
重石をのせているときは均一に塩分を行き渡らせるため、ときどき保存袋の上下をひっくり返す。

b
色付け用のくちなしの実はフォークなどで穴を開け、かけらが交ざらないようお茶パックなどに入れて口を縛る。

はりはり漬け

「はりはり漬け」とは干した大根を、酢、しょうゆ、砂糖などの調味料に漬け込んだ漬け物のこと。天日干しという、ひと手間を加えることで甘みが増し、鉄分、ビタミンなどの栄養価が大幅にアップ。歯ごたえがあり、食べると「はりはり」と音がすることからこの名前になったといわれます。

大根のはりはり漬け

材料

- 大根……500g（1/2本）
- ごぼう……75g（1/2本）
- しょうが……1かけら

A
- 中ザラ糖……50g
- しょうゆ……100ml
- 酢……75ml
- 顆粒和風だし……大さじ1/2
- 赤唐辛子……1〜2本

食べ頃
2日後

保存期間
冷蔵で
2週間
（冬）

下準備

- 大根を厚さ5mmほどの短冊切りにして天日干ししておく（写真**a,b**）

作り方

1 ごぼうはささがきに、しょうがは千切りにする。

2 鍋に湯を沸かし酢（分量外）を入れ、ごぼうを30秒ほど湯通ししてザルに上げる。水気をきって冷ましておく（酸化防止のため）。

3 鍋に（**A**）を入れて沸騰するまでかき混ぜ、砂糖を溶かす。鍋かボウル（ステンレス製）に天日干しした大根を入れて温めた漬け汁を回しかけ、2時間ほど冷ます。

4 ボウルから漬け汁を鍋に取り出し、再度煮てアクを取る。

5 大根が入ったボウルに、ごぼう、しょうがを入れ、**4**の漬け汁を再度かけて冷暗所で1日おく。

6 味見をして、味を足す場合は再び**4**を行う。

7 **5**を保存袋に移し、輪ゴムで口を縛り冷暗所で2日ほどおく。

POINT
保存袋に入れて輪ゴムで口を縛るときに、大根が漬け汁に浸っている状態にすること。均一に味を浸透しやすくするため。

a

冬は日差しが弱いため晴れた日に干し、夜は屋内に取り込む。

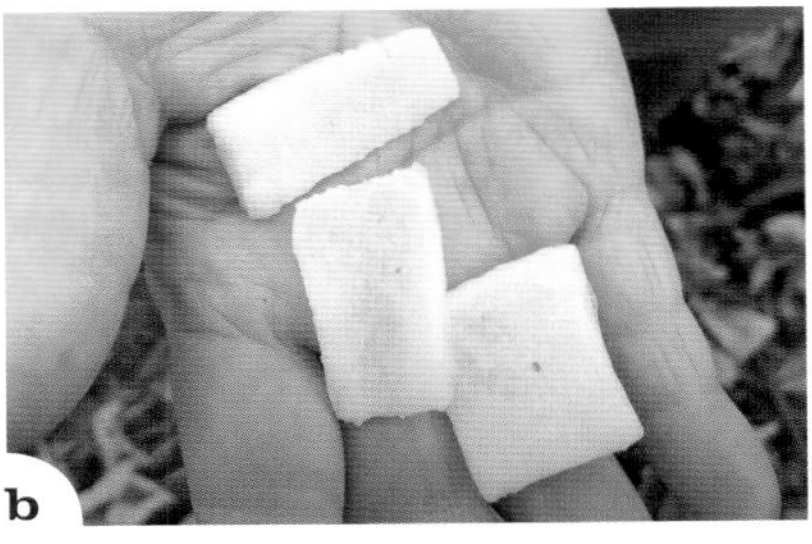

b

大根は少し反り、しんなりするまで干す。

こんな野菜も漬けられます

	セロリ
	・セロリ……500g（5本） ・赤唐辛子（輪切り）……適量 ・だし昆布……適量 ・しょうが（千切り）……適量 ※1回目に漬け汁をかけるとき加える **A** ・しょうゆ……80ml ・中ザラ糖……50g ・酢……40ml
	・よく洗い葉と茎の間でセロリを折り、剥がすようにして筋を取る ・ピーラーでさらに筋を取り、茎の部分は好みの大きさに、葉の部分は下の筋の部分を切り落とし2〜3cmに切る
	——
	［**1回目**］30〜40分 ［**2回目**］2時間ほど
	保存袋に入れて3時間〜
	冷蔵で2〜3日程度
	葉の部分は2回目に漬け汁をかけるときに入れる。

基本の作り方

1 鍋に（**A**）を入れて煮溶かす。

2 鍋かボウル（ステンレス製）に天日干しした野菜を入れて**1**を回しかけ、全体がなじむように浸して漬け汁を冷ます［**1回目**］。

3 **2**をザルに上げて漬け汁を鍋に取り出し、再度煮てアクを取る。野菜はボウル（ステンレス製）に移す。

4 **3**でアクを取った漬け汁を再度野菜に回しかけ、冷暗所で冷ます［**2回目**］。だし昆布や赤唐辛子を加える場合は漬け汁を回しかける前のタイミングで加える。

5 味見をする。味を足す場合は再び**3**〜**4**を行う。

6 保存容器あるいは保存袋に移し、冷蔵庫で漬け込む。

POINT
冷ましている間も、味が均等に浸透するようにときどきかき混ぜるとよい。

味の入りを均一にするため、野菜は大きさをそろえて切ってください。また、天日干しをするかしないかの基準は、水分が多いものは干す、水分が少ないものは干さない（長芋は例外）です。

	きゅうり	かぶ	みょうが	長芋
材料	・きゅうり ……500g（5本） ・だし昆布……適量 ・赤唐辛子（輪切り） ……適量 ・白ごま……適量 **A** ・しょうゆ……50ml ・中ザラ糖……大さじ1 ・みりん……大さじ1 ・酢……20ml	・かぶ……400g（5個） ・赤唐辛子（輪切り） ……適量 **A** ・しょうゆ……80ml ・中ザラ糖……40g ・みりん ……大さじ1と1/2 ・酢……40ml ・顆粒和風だし ……少々	・みょうが ……300g（18個） **A** ・しょうゆ……60ml ・中ザラ糖……20g ・みりん……大さじ2 ・酢……大さじ1	・長芋……500g ・だし昆布……10cm分 ・赤唐辛子（輪切り） ……1〜2本 **A** ・しょうゆ……40ml ・オイスターソース ……20ml ・三温糖……大さじ1 ・みりん……10ml ・酢……20ml
下準備	・きゅうりはよく洗い好みの大きさに切る	・かぶはよく洗い好みの大きさに切る（面積が広くなるように切ると味が染みやすくなる）	・みょうがはよく洗い水気をきる	・長芋は皮をむき好みの大きさに切る（味を浸透しやすくするため大きめに切る）
干し時間	天日で2時間ほど（表面が白くなる程度）	天日で2時間ほど	日なたで1時間ほど	——
冷まし時間	［**1回目**］30〜40分 ［**2回目**］2時間ほど	［**1回目**］30〜40分 ［**2回目**］2時間ほど	［**1回目**］一晩 ［**2回目**］一晩 ［**3回目**］一晩 ※**3〜4**の工程を1回多く行う	［**1回目**］2〜3時間 ※味が浸透しやすいため漬け汁をかけるのは1回でOK
漬け込み	保存袋に入れて 2時間〜	保存袋に入れて 2時間〜	保存容器（びん）に入れて2時間〜	保存袋に入れて 2時間〜
保存期間	冷蔵で2〜3日程度	冷蔵で2〜3日程度	冷蔵で2〜3日程度	冷蔵で2〜3日程度
ポイント	食べるときに白ごまを振ってもおいしい。	——	みょうがは水分量が少ないので、洗った後は水切り程度に干せばOK。	お酒のお供にぴったり。

甘酢漬け

甘みが強い合わせ酢に野菜などを漬けたもののことです。天日干し不要、調味料を入れるだけなので、初心者でも簡単。いろいろなものが漬けられるので、バリエーションの多さを楽しんでみてください。1週間砂糖と漬け込むことで酢のかどが取れてまろやかに。残った酢は酢の物などに使って残さずいただけるのも魅力です。

みょうがの甘酢漬け

食べ頃
1週間後

保存期間
冷蔵で
1年程度

材料

・みょうが……300g（18個）
・酢……適量
・グラニュー糖……200〜300g
・赤しその塩漬け（なくても可）

POINT
長期保存の場合はグラニュー糖を多めにするとよい。

作り方

1 みょうがはよく洗って水気をきる（写真**a**）。

2 保存容器（びん）に**1**を入れ、みょうがが全体が浸るまで酢を注ぐ。容器の蓋をして冷暗所に1日ほどおく。

POINT
容器の底をたたくと、中に詰めたみょうがが少しずつ沈んでいき、次のみょうがを入れる空間ができる。酢を注ぐ前に行い、隙間なくみょうがを詰める。

3 みょうがを容器から取り出し、酢をよくきる。

4 みょうが、砂糖、あれば赤しその塩漬けを容器の中に順番に重ね入れ、本漬けをする（写真**b**）。容器の蓋をして冷蔵庫で1週間ほどおく。

a

キッチンペーパーの上などに置いておくと、しっかり水気がきれる。

b

みょうが、砂糖、赤しその塩漬けを順番に入れる。ときどき保存容器を振って砂糖とみょうがをなじませる。

新しょうがの甘酢漬け

食べ頃
1日後

保存期間
冷蔵で
1年程度

材料

- 新しょうが……300g
- 氷砂糖(ロックタイプ)……120g
- 酢……90ml

A
- 水……しょうがが浸る程度
- 塩……20g

POINT
新しょうがでも、新物が出回り始めてすぐのものがおすすめ。繊維・辛みが少ないので、やわらかくおいしく漬かる。

作り方

1 ボウルによく洗った新しょうがと(**A**)を入れ、1〜2時間ほどおく。

2 ボウルから新しょうがを取り出し、好みの大きさに切る。再びボウルの塩水の中に戻して、5〜6時間ほどおいたら、取り出して水気をよくきる(写真**a**)。

3 保存容器(びん)に新しょうが、氷砂糖、酢を入れ、保存容器の蓋をしてゆすり、酢を全体に行き渡らせる。

4 一晩おくと氷砂糖が溶け、食べられるようになるが、しょうがの種類やかたさによって漬かり方が違うので、好みの味になるまで漬け込む。

POINT
常温だと傷みやすいので、必ず冷蔵を。

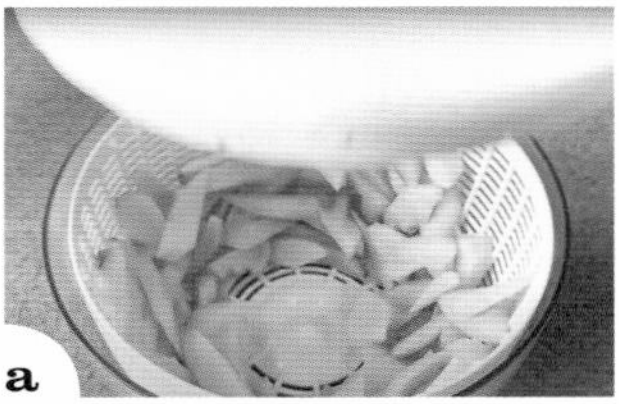

a
塩漬け後の水きりをは野菜水きり器を使うのがおすすめ。我が家では洗濯用ネットなどに入れて脱水機にかけ水気をきっている。

漬け込んで5日ほどで色がより鮮やかになり味がなじみます。

かぶの甘酢漬け

食べ頃
1日後

保存期間
冷蔵で
2～3日
程度

材料

- かぶ……1kg（5個）
- 塩……35g

A
- 中ザラ糖……80～100g
- 酢……60ml
- 赤唐辛子……2～3本
- レモン汁（ゆずでも可）……適量

POINT
赤唐辛子はちぎって加えるとよい。

作り方

1 かぶは厚さ2～3mmの半月切りにする（写真**a**）。

2 保存袋に**1**と塩を入れて袋ごともみ込み、塩を全体になじませる。

3 しんなりしたら袋の空気を抜いて口を閉じ、重石をのせて2～3時間ほどおく（写真**b**）。

4 **3**のかぶをザルに上げて水気をきり、キッチンペーパーでさらに水分を取る。

5 保存袋に**4**を入れて、あとから（**A**）を加えもみ込んでなじませる。

6 袋の空気を抜きながら口を閉じ、冷蔵庫で1日ほどおく。

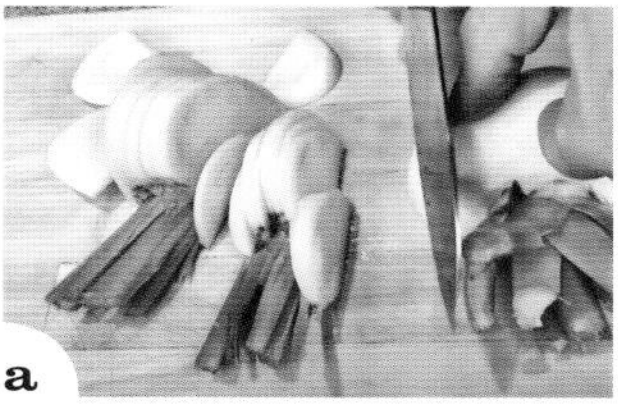

a
かぶは味の入りを均一にするため、なるべく均等に切る。

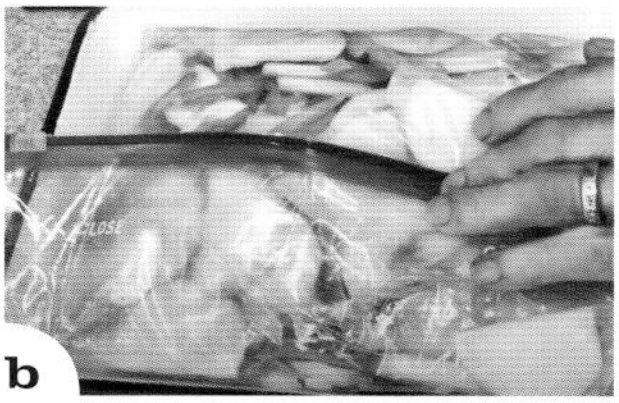

b
重石をのせるときは保存袋をバットなどに入れ、袋の口を折り返しておくとよい。

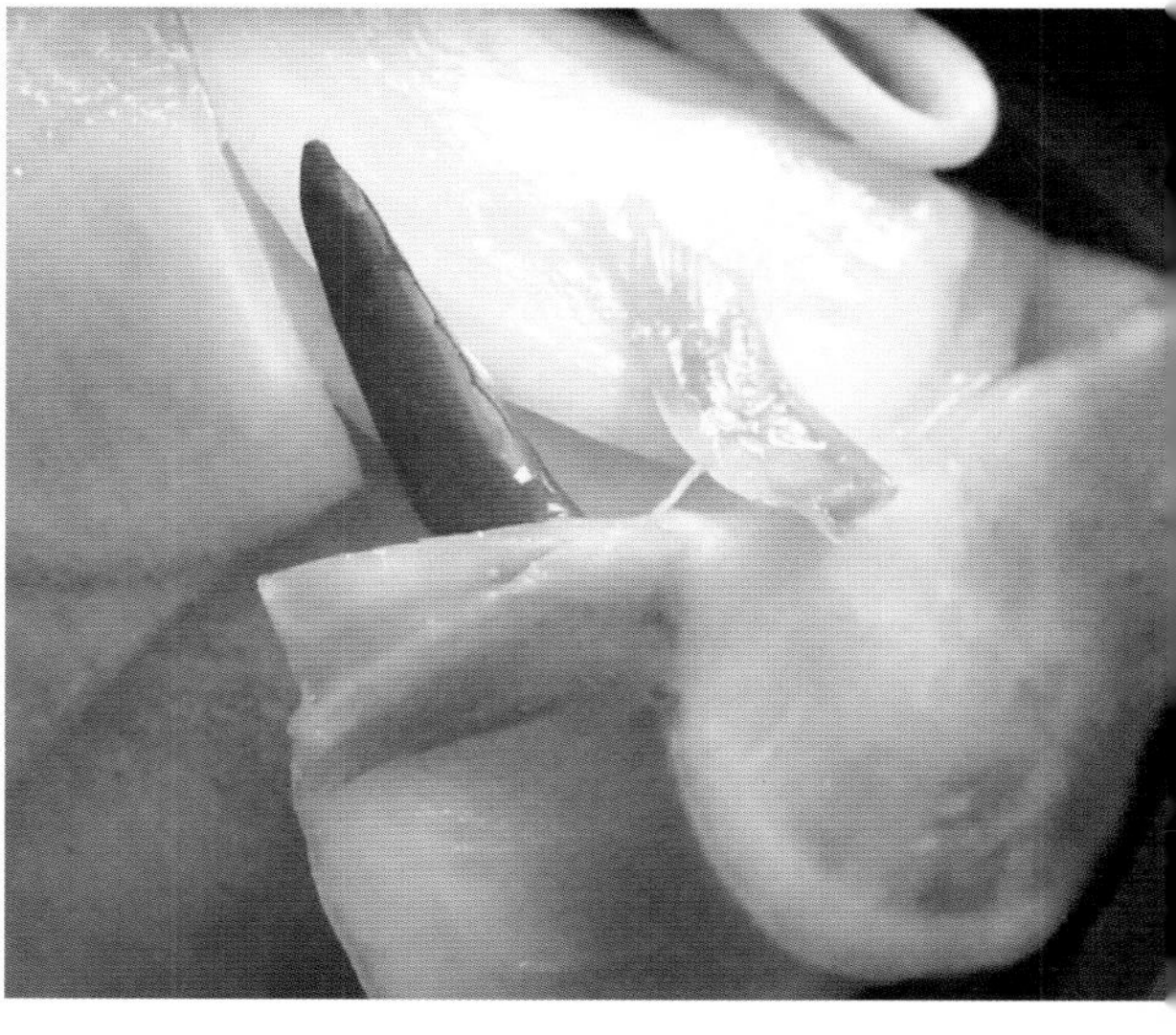

甘酢漬け

こんな野菜も漬けられます

基本の作り方

1 ボウルに下準備した野菜を入れ、材料に塩があるものは塩を加える。水分が浮いてくるまで全体にもみ込んだら、重石をのせて塩漬けする。

2 ザルに上げて水気をきる。

3 保存袋に水気をきった野菜と(**A**)を加えて、袋ごともんでよくなじませる。

4 空気を抜いて保存袋の口を輪ゴムで縛り漬け込む。

野菜の水分量によって、塩漬けがあるものとないものがあります。材料に塩があるものは塩漬けをして水分をしっかり抜きましょう。材料に塩がないものは塩漬け不要。基本の作り方の**3**と**4**の工程だけで作ることができて簡単です。

	ズッキーニ
	・ズッキーニ…200g(1本) ・塩…小さじ1 ・赤唐辛子(輪切り)…1本 **A** ・りんご酢…35ml ・上白糖…大さじ1
	・ズッキーニはよく洗い両端を切り落とす。横半分に切り、さらに縦半分に切って、2mm幅のいちょう切りにする
	・重石をのせて1時間ほどおく
	・ザルに上げ水気をきり、さらにキッチンペーパーでしっかり水分を拭き取る
	冷蔵庫で2時間
	冷蔵で2〜3日程度
	独特の食感がクセになる。

	にんじん	れんこん	青トマト
材料	・にんじん……300g（2本） **A** ・酢……大さじ1 ・オリーブオイル……小さじ1 ・レーズン……適量 ・黒こしょう……適量	・れんこん……180g（1節） **A** ・上白糖……小さじ2 ・酢……50ml ・赤唐辛子……適量 ・ゆず（果汁）……適量	・青トマト…400g ・玉ねぎ…100g ・塩…大さじ1 **A** ・酢…大さじ3 ・中ザラ糖…大さじ2 ・みりん…大さじ1 ・カレー粉…小さじ1
下準備	・にんじんはよく洗いピーラーで薄切りにしていく（皮は捨てても使ってもOK） ・電子レンジ600Wで1分加熱（しんなりしない場合は様子を見ながらさらに加熱）	・れんこんはよく洗い縦半分に切り、好みの厚さのいちょう切りにし、さっとゆでザルに上げて水気をきる	・トマトと玉ねぎはそれぞれ縦半分に切り2mm幅にスライスする
塩漬け時間	――	――	・重石をのせて3時間ほどおく
水きり	――	――	――
漬け込み時間	冷蔵庫で2時間〜	冷蔵庫で一晩	冷蔵庫で3日
保存期間	冷蔵で2〜3日程度	冷蔵で5日〜1週間程度	冷蔵で2〜3日程度
ポイント	やさしい酸味。お弁当のおかずや箸休めに。	――	さっぱりしているので、洋食の付け合わせにも。

甘酒のべったら漬け

大根や白菜などを薄塩で漬け、さらに米麹と砂糖で漬けた甘い漬け物です。本来は米麹を使いますが、この本では初心者でも簡単に作れる、市販の甘酒（希釈タイプ）を使用した漬け方をご紹介します。すぐに漬かるので、余った大根などをおいしく消費するのにぴったりなレシピです。

大根のべったら漬け

食べ頃
1日後

保存期間
冷蔵で
4～5日
（冬）

作り方

1 大根は皮をむき、厚さ2～3mmのいちょう切りにする。

2 保存袋に**1**と塩を入れ、袋ごとよくもむ。空気を抜いて口を輪ゴムで縛り、1～2時間ほどおいて塩漬けにする（写真**a**）。

3 大根をザルに上げ、しっかり水気をきる（写真**b**）。

4 **3**を再び保存袋に戻し、（**A**）を加えて袋ごとよくもむ。空気を抜いて袋の口を輪ゴムで縛り、1日ほどおく。

> POINT
> 保存袋に入れて輪ゴムをとめるときに、大根が漬け汁に浸っている状態にすると均一に味が浸透しやすくなる。

材料

- 大根……300g（1/3本）
- 塩……9g
- **A**
  - 甘酒……125ml
    ※麹の粒が残っているもの
  - 塩……6g
  - グラニュー糖……40～50g
  - だし昆布（細切り）……適量
  - 赤唐辛子……2～3本

> POINT
> 甘さを控える場合は、グラニュー糖の量を調節して。赤唐辛子は少しほぐして入れると、辛みが出やすくなる。辛みを抑えたい場合は、唐辛子の種を取り除く。

食べ方

甘酒（麹）を洗い流さずそのまま食べたほうが、栄養価が高くておすすめ。

a
塩が早くなじむように、保存袋ごとよくもみ込む。

b
塩漬け後の大根は、キッチンペーパーでしっかり水気を取ると傷みにくくなる。

白菜のべったら漬け

食べ頃
4〜5日後

保存期間
冷蔵で
7〜10日
(冬)

材料
- 白菜……500g（1/2個）
- 塩……大さじ1
- 甘酒……200ml

※麹の粒が残っているもの
- 赤唐辛子……適量

下準備
- 白菜は1/4に切り、葉が少ししんなりするまで天日干ししておく
- 天日干しした白菜はよく洗い、しっかり水気をきっておく

作り方

1 白菜に塩をまぶして葉と葉の間にすり込み（写真**a**）、保存袋に入れ袋ごとよくもむ。

POINT
保存袋に入れるときは、葉先と根元が交互になるようにする。

2 保存袋の空気を抜いて口を閉め、重石をのせて2日ほどおく。たまに袋をひっくり返す。

3 **2**をザルに上げ、キッチンペーパーでしっかり水気を取る。保存袋を再利用する場合は、こちらの水気も取っておく。

4 白菜を保存袋に戻し、葉と葉の間に甘酒を流し入れ（写真**b**）、最後に赤唐辛子を入れる。保存袋の空気を抜き、白菜が漬け汁に浸るようにして袋の口を輪ゴムで縛り、冷蔵庫で4〜5日ほどおく。

a
芯部分も余すことなく使う。2カ所に切り込みを入れて、塩をまぶすと味がなじみやすい。

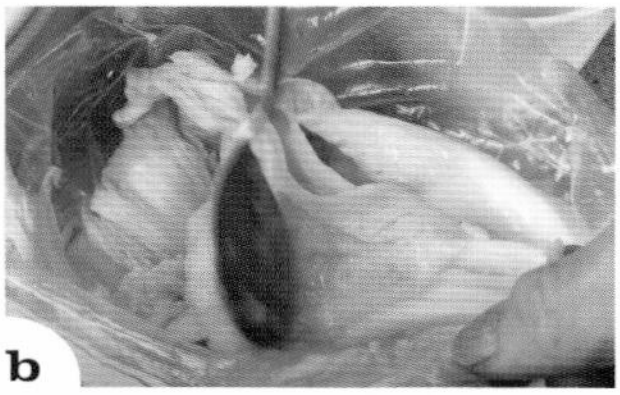

b
重ねるときは、ここでも葉先と根元が交互になるようにする。

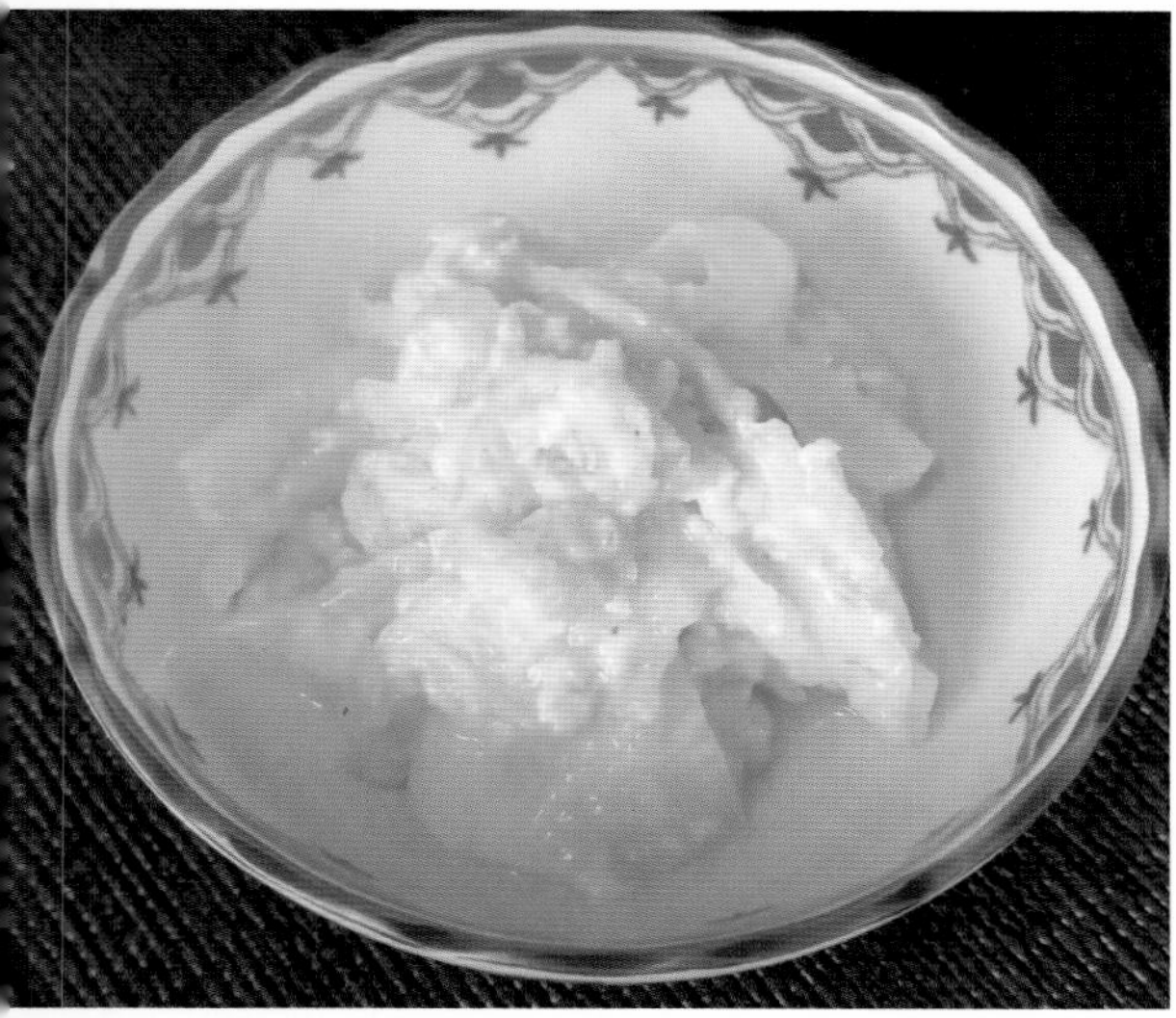

べったら漬け

こんな野菜も漬けられます

基本の作り方

1. ボウルに野菜を入れ、塩を加えて手でもみ、全体になじませる。
2. **1**を保存袋に入れ、空気を抜いて口を閉める。
3. 袋のままバットに入れて重石をのせ、塩漬けにする。

> POINT
> 味が均一になるよう2〜3回上下をひっくり返す。

4. ザルに上げて水気をきる。さらにキッチンペーパーを使ってしっかり水分を取る。
5. 保存袋に**4**と(**A**)を入れて、全体になじむようにしっかりもみ込む。空気を抜いて袋の口を閉じ、冷蔵庫で本漬けする。

	きゅうり	かぶ
材料	・きゅうり……500g(5本) ・塩……大さじ1 **A** ・甘酒……200ml ・だし昆布……適量 ・赤唐辛子(輪切り)……2〜3本	・かぶ……500g(5個) ・塩……大さじ1 **A** ・甘酒……200ml ・だし昆布……適量 ・赤唐辛子(輪切り)……2〜3本
下準備	きゅうりはよく洗い水気をきったら、2〜3mmの厚さに切り、ザルなどに広げて表面が白っぽくなるまで天日干しする	かぶはよく洗い水気をきって、好みの大きさに切る
塩漬け	重石をのせて2〜3時間	重石をのせて4〜5時間
本漬け	冷蔵庫で2日	冷蔵庫で2日
保存期間	冷蔵で5日〜1週間程度	冷蔵で2〜3日程度
ポイント	きゅうりは天気のよい日に天日干しすると、よりシャキシャキ食感が楽しめる。	かぶは葉にも栄養があるので、一緒に漬けるとよい。

粕漬け

野菜や魚などを、酒粕や焼酎などを合わせた粕床に漬けた漬け物です。さらに、酒粕を何度も漬け替えるものを奈良漬けといいます。起源は奈良・平安時代で、保存食として重用されています。ほのかな酒の風味と甘みが特徴のレシピですが、漬ける食材によって変わる味わいの違いも楽しんでみてください。

きゅうりの粕漬け

食べ頃
1カ月後

保存期間
冷蔵で
1カ月

材料

・きゅうり……500g（5本）

※水分が多く傷みやすいので、極力細くて小さいものを選ぶ

・塩……50g

A
・ホワイトリカー……大さじ1（アルコール度数35度）
・上白糖……250g
・酒粕……500g
・赤唐辛子……1〜2本

赤唐辛子を入れると香りがよくなるのはもちろんですが、虫除けにもなります。酒粕には虫が寄ってきやすいのであれば加えたい食材です。

作り方

1 切らずに1本のままのきゅうりと塩を保存袋に入れ、しっかりもみ込む（写真**a**）。

2 保存袋の口を閉め、きゅうりの倍の重さの重石をのせて2日ほどおく。2日目は袋をひっくり返し、重石の重さを1/3〜半分にする。

3 **2**をザルに上げてしっかり水気をきり、大きいきゅうりから順に保存袋に入れる。

4 ボウルに（**A**）を入れて手でペースト状になるまでこね、**3**に入れる。空気を抜いて輪ゴムで口を縛り、冷蔵庫で1カ月ほどおく。

POINT
酒粕は、全部入れ終わるまで、2〜3回上下にゆすりながら入れると下に沈んできゅうりがよく漬かる。

a

きゅうりは向きを交互にして保存袋に入れてよくもむ。

大根の粕漬け

食べ頃
1カ月後

保存期間
冷蔵で
5カ月

材料

・大根……5kg

A
・塩……250g
・中ザラ糖……500g
・酒粕……2kg
・市販のたくあん漬けの素……20〜30g

作り方

1 ボウルに（**A**）混ぜ合わせて漬け床を作る。

2 ナイロン袋をかぶせた保存容器（桶）に大根を入れ、その上に漬け床をかけてぬり広げる。

3 **2**を2段目、3段目と繰り返す（写真**a**）。

4 大根を漬け終わったら中蓋をして重石をのせる。

5 2日後に水が出ているのを確認したら、重石を軽くして（写真**b**）袋の口をしっかり縛り、冷暗所で1カ月ほどおく。

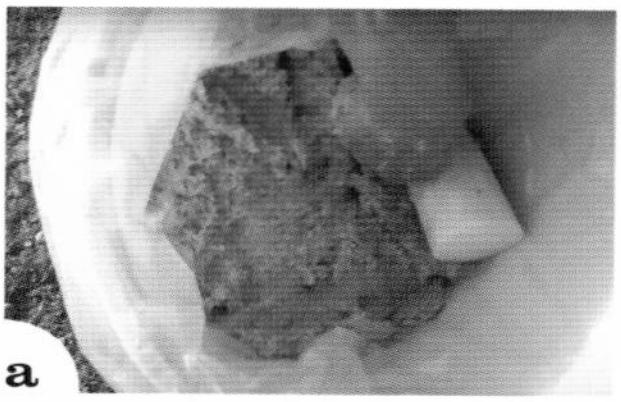

a

大根を入れて漬け床を入れたらそれを繰り返す。

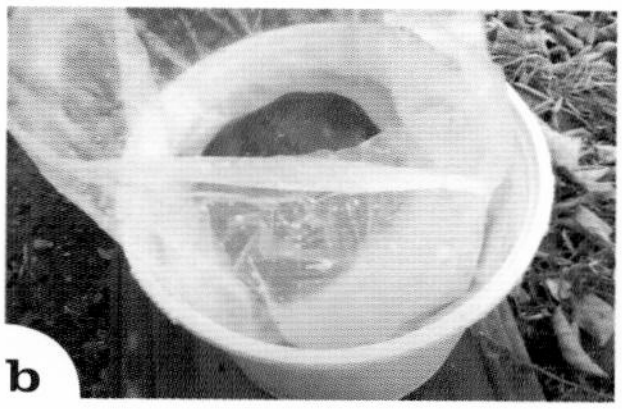

b

水が上がってきたら重石を軽いものにする（大根が浮かない程度の重さ）。

なすの粕漬け

食べ頃
1カ月後

保存期間
冷蔵で
3カ月

材料

・なす……4kg

・赤唐辛子……5本

A
・塩……200g
・ホワイトリカー……200ml
（アルコール度数35度）
・上白糖……2kg
・酒粕……4kg

※酒粕の袋は残しておく

下準備

・なすは洗ってへたを取り、日陰で1日ほど干す

作り方

1　ボウルに(**A**)を混ぜ合わせて漬け床を作る。

2　保存容器（桶）になすを並べて、その上に**1**をかけてぬり広げ、赤唐辛子をちぎって入れる（写真**a**）。

3　なすと漬け床を容器に入れ終えたら、酒粕の袋を覆いかぶせる（写真**b**）。

4　蓋をして虫除けのため布で口を覆い、ゴムをかけて冷暗所で1カ月ほどおく。

a

なすは保存容器に隙間ができないよう、並べる。

b

最後に空気が入らないように、酒粕の袋を覆いかぶせる。ポリ袋でも代用可。

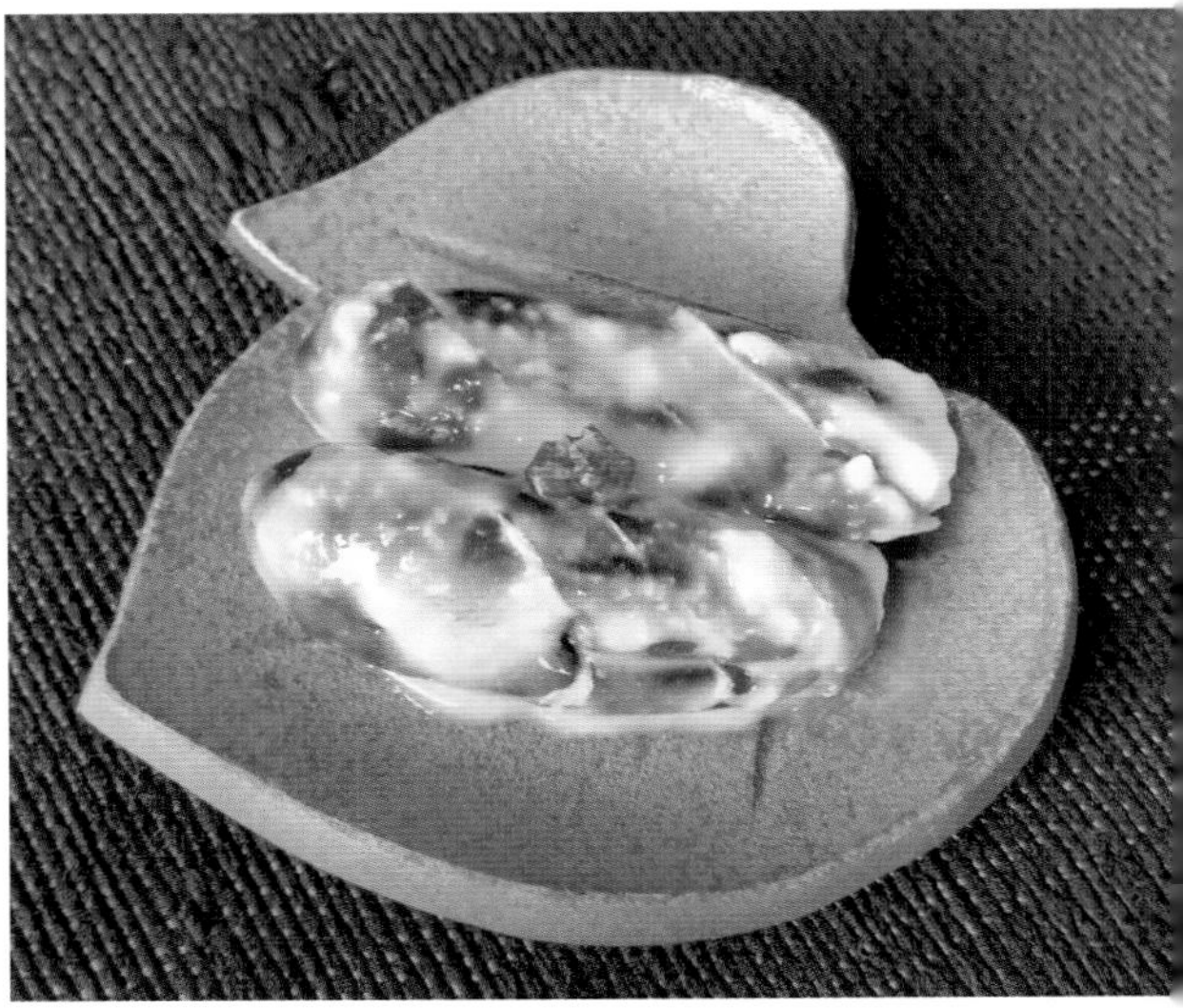

パン床のぬか漬け

ぬか漬けは日本を代表する発酵食品で、発酵する段階でさまざまな成分が生まれます。「ぬか漬けはめんどうくさい」というイメージがあるかもしれませんが、ぬか床さえ作ってしまえば、あとは野菜を入れておくだけ。今回はぬかみそよりも扱いやすい、食パンで作る「パン床」を使ったぬか漬け風の漬け物を紹介します。

スケジュール

30日目	……	10日目	9日目	8日目	7日目	6日目	5日目	4日目	3日目	2日目	1日目
好みに合わせて味の調整		本漬け		捨て漬け			常温で寝かせる			床作り	

床を作って1カ月ほどすると、かどが取れておいしくなってくる。

パン床の特徴

- ぬか床より味に丸みがある
- ぬか床と変わらない酸味を感じられる
- 床に粘り気があるので、葉物野菜を漬けたときは床が落としにくいことがある

おすすめの野菜

- 作ったばかりのパン床はまだかたいので、パプリカやきゅうりなど水分の多い野菜がおすすめ。ただし入れすぎると水分が多くなりすぎるので注意
- パン床がなじみ、やわらかくなってきたらブロッコリーの芯やセロリがおすすめ

こんな人に向いています

- マメな手入れができない、苦手だという人
- ぬかみその匂いが気になる人
- 一人暮らし、少人数の家族

手入れについて

- 取り出すときにかき混ぜるだけ。ぬかみそよりも管理が楽で扱いも簡単。とくに冬場は1〜2日おいても問題なし
- すぐに食べきれなかったり、数日家に戻らないときは冷蔵庫で保管を
- パン床がやわらかくなりすぎたり、減ってきたら、食べ残した食パンや、食パンの耳を足せばOK

1 床作り

作り方

1 食パン3枚分を細かくちぎって保存容器に入れる。

2 **1**に塩大さじ1とビール100mlを入れて、手で押してなじませる(写真**a**)。

3 蓋をして冷暗所で一晩おく。

4 **3**をよくかき混ぜて、食パン3枚と塩大さじ1、ビール125mlを入れる。軽くなじませたら蓋をして、冷暗所で一晩おく。

5 **4**にスライスしたしょうがとにんにくを入れてかき混ぜる。その後、食パン3枚と塩大さじ1、ビール125mlを入れる。軽くなじませたら蓋をして常温で3日ほど休ませる。

材料

- 食パン(5〜6枚切りのもの)……9枚
- ビール……350ml
- 塩……大さじ3
- しょうが……適量
- にんにく……適量

保存容器は高さのあるものが◎。今回は高さ12cm×直径13cmの保存容器を使用しました。

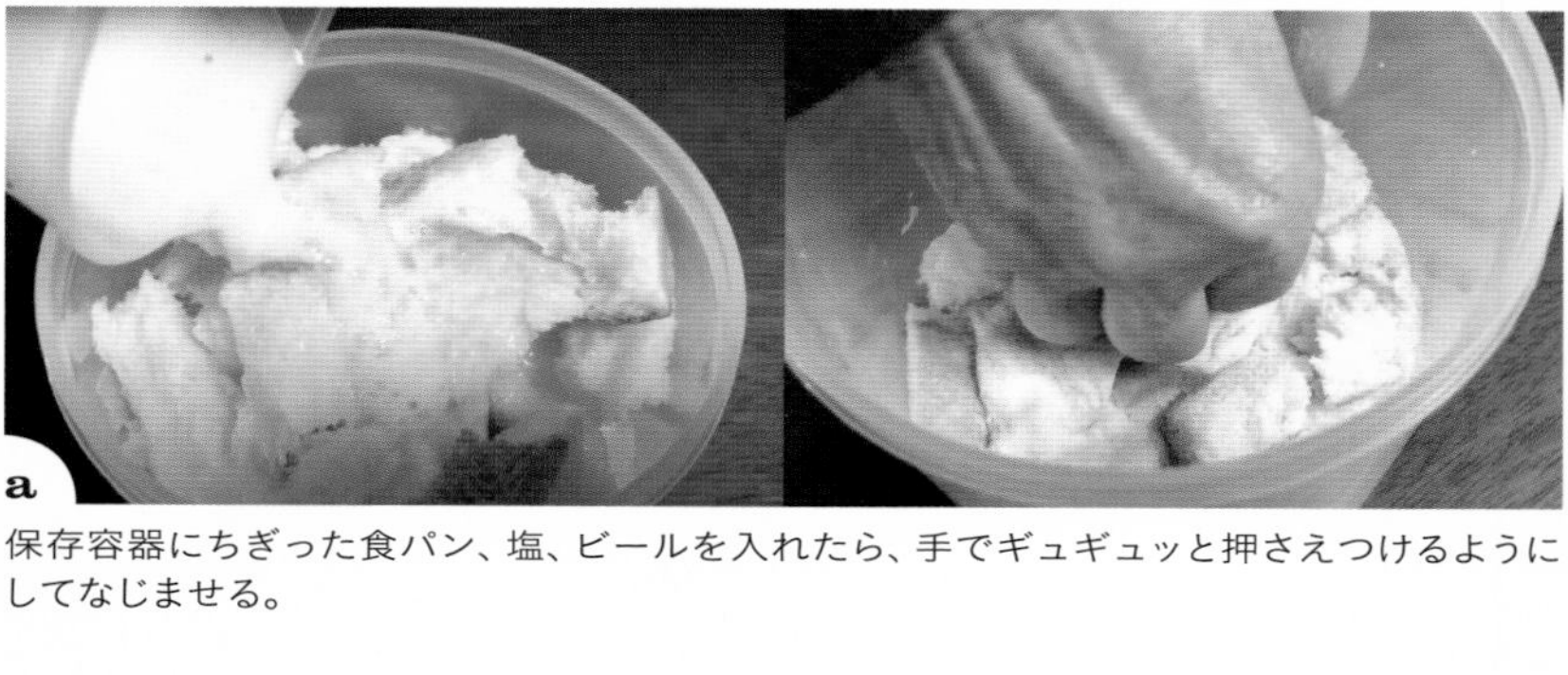

a
保存容器にちぎった食パン、塩、ビールを入れたら、手でギュギュッと押さえつけるようにしてなじませる。

2 捨て漬け

材料

・キャベツの葉……3〜4枚

作り方

1　パン床をしっかりかき混ぜ、キャベツの葉を漬けて3日ほどおく（写真**b**）。

POINT
捨て漬けする野菜は、発酵が進みやすくなる、水分の多いキャベツがおすすめ。

b
キャベツは軽くちぎってパン床に入れ、捨て漬けをする。

3 本漬け

材料

・お好みの野菜

作り方

1　捨て漬けしていたキャベツで味見をする。このときに塩加減が足りない場合は塩（分量外）を足し、かき混ぜて調整する。

2　パン床をかき混ぜてから漬けたい野菜を入れる（写真**c**）。上から押さえつけて空気を抜き蓋をして、冷暗所で漬け込む。

c
野菜にパン床をぬり込むようにする。キャベツや小松菜のような葉物は細かく切らずそのまま入れてOK。

旨味が足りないと感じたら……
頭とはらわたを取ったにぼし、赤唐辛子、だし昆布を入れて様子を見る。旨味がプラスされ、よりおいしくなる。

コラム 1

野菜を干すことが漬け物をおいしくするカギ

天日干しの3つのメリット

野菜を干すと、おもに次のようなメリットがあります。まずは食材の旨みアップです。これは、干して余計な水分が抜けることで、素材の味が凝縮されるから。これにより、味も浸透しやすくなります。野菜によっては、天日干しすることでグラムあたりのビタミンDやカルシウム、食物繊維などの栄養価がアップするものも。

また、天日干しすると野菜がしんなりして扱いやすくなります。生野菜より多く食べることができるので、より健康的です。

さらには保存性アップにつながります。干すことで食品を傷ませる原因の「水分」が抜けるので、漬け物にすると、野菜をより長持ちさせられるからです。

その日の天気だけでなく、地域によっても日の当たり方が変わります。天日干しの際は、様子を見ながら行うようにしてください。

ベランダ、窓辺干しでもOK

野菜を広げて干すスペースがないという方もいらっしゃるでしょう。その場合は、平干しネットなどを使ってベランダや、日当たりのよい窓辺に干しても大丈夫です。

それでも干すのが難しいと感じるのであれば、天日干しの必要ないレシピからチャレンジしてみるのもいいかもしれませんね。

干すときは竹ザルを使用することが多いです

できるだけ重ならないように野菜を広げ、ときどきひっくり返しながら均一に乾くようにします

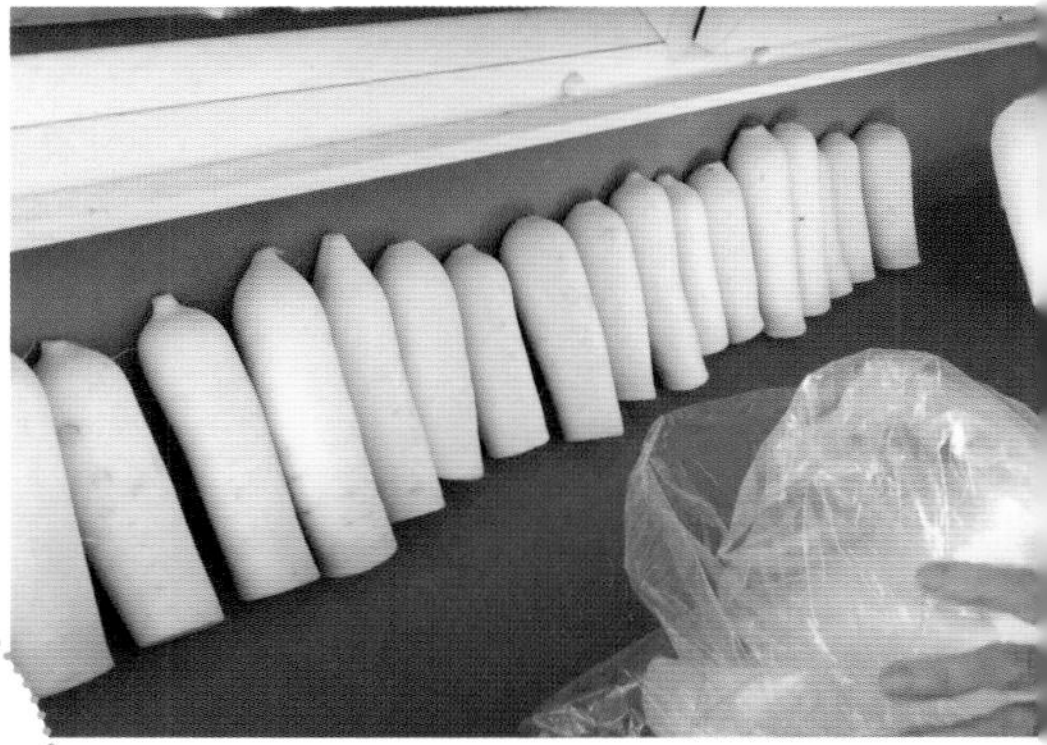

我が家では一気にたくさんの野菜を漬けるので、ズラッと並べて干すこともあります

ベランダで天日干しも可能です

平干しネットなどを活用し、ベランダで干してみてください。風通しがよければ日光があまり当たらなくても大丈夫。日陰の場合は、少し干し時間を長めにしましょう。

野沢菜漬け

私の地元、長野県の特産品である野沢菜の漬け物で、浅漬けと乳酸発酵させた本漬けがあります。今回は漬けた翌日には食べられる、簡単な浅漬けをご紹介。ご飯のおかずやおにぎりの具はもちろん、お茶請けにもぴったりな一品です。

野沢菜漬け

食べ頃
翌日

保存期間
冷蔵で
1週間程度

材料

・野沢菜……600g（3束）

A
・しょうゆ……100〜120ml
・中ザラ糖……30〜50g
・酢……30ml
・顆粒和風だし……小さじ1

下準備

・野沢菜はしんなりするまで天日干しする

長野県では11月下旬〜12月中旬頃に野沢菜の収穫が行われます。スーパーなどで売っていないことが多いので、ネット通販で購入することをおすすめします。

作り方

1 天日干しした野沢菜を洗い水気をしっかりきったら、好みの大きさに切る。

> POINT
> 根の部分もいい味が出るので、捨てずに使うとよい。

2 **1**と（**A**）を保存袋に入れ、よくもむ（写真**a**）。

3 袋の空気を抜きながら口を縛る。重石をのせて（写真**b**）、冷暗所で一晩おく。

4 翌日、水分が出てかさが減ったら食べ頃。残りを保存する場合は、袋の空気を抜いて、輪ゴムで口を縛り冷蔵庫で保存する。

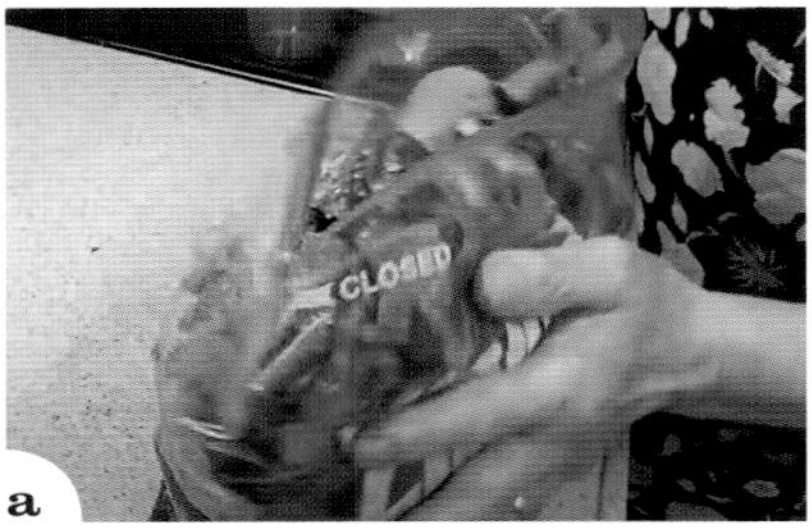

a

両手を使って野沢菜の葉をこすり合わせるようにして、しんなりするまでもみ込む。

b

重石をのせるときは保存袋ごとボウルに移動しておくとよい。重石がない場合は水を入れた鍋で代用可能。

らっきょう漬け

らっきょうを酢や塩などの調味料で漬けたものです。市販のものだと酸味がきつかったり、味が濃すぎたりすることもありますが、自宅で漬けると自分好みの味にできます。また、添加物が入らないのも魅力です。今回は人気がある3つの漬け方を紹介します。

らっきょうの甘酢漬け

食べ頃
1カ月後

保存期間
冷蔵で
1カ月

材料

- らっきょう……1kg
- 塩……70g
- 酢……200ml

A
- 三温糖……150g
- みりん……100ml
- 酒……100ml
- 酢……200ml
- 赤唐辛子（輪切り）……2〜3本分

下準備

- らっきょうは芽と根を切って、気になる薄皮は取っておく

> **POINT**
> 根はきれいに切らず、少し残しておくのがカリカリに漬けるコツ。

- らっきょうをもみ洗いし、水気をきる

作り方

1 ポリ袋にらっきょうと塩を入れもみ込む（写真**a**）。

2 ザルに**1**を広げて熱湯をかけたら、粗熱をとる。こうすることで食感がよくなる。

3 水気をきり、ホーロー鍋に移して酢を注ぎ、下漬けをする。中蓋をして重石をのせ、鍋の蓋をしたら涼しい場所で10日ほどおく（写真**b**）。

4 **3**の水気をきる。その際に根がまだ長いものは短く切り、皮が残っているものはむいておく。

5 鍋に（**A**）を入れて煮溶かし冷ます。

6 保存袋に**4**と**5**を入れて空気を抜いて口を閉じ、さらに輪ゴムで縛る。冷蔵庫で1カ月ほどおく。

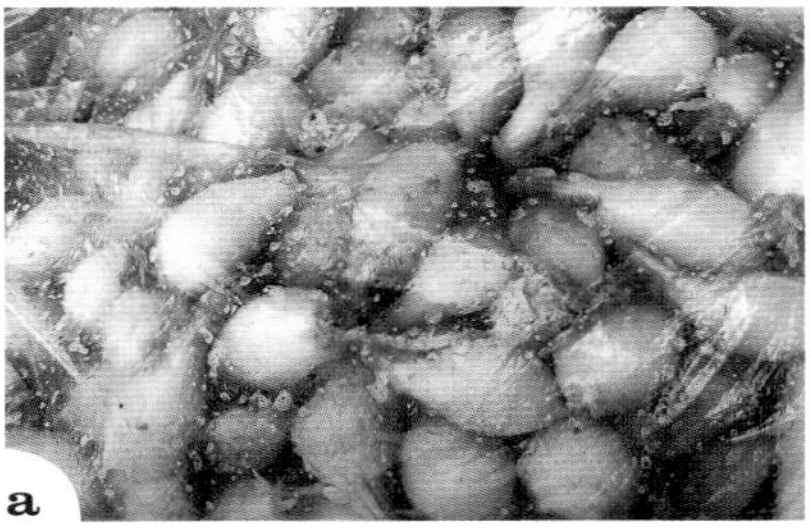

a

らっきょうをもみ込むときは、泡が出るほどよくもむと、水分が抜けて保存性が上がり、味も染み込みやすくなる。

b

このときの保存容器は酸に強いホーローかかめを使うとよい。10日ほどしても出てくる水が少なければ、一度重石を外して中身をかき混ぜ、重石を重くしてさらに2日ほど漬ける。

らっきょうのみそ漬け

食べ頃
4〜5日後

保存期間
冷蔵で
1カ月

材料

・らっきょう……1kg

A
・みそ……600g
・みりん……200ml
・中ザラ糖……200g
・赤唐辛子……適量

下準備

・53ページ下準備参照

作り方

1 ボウルに(**A**)を入れて混ぜ合わせ、漬け床を作る。

2 保存袋にらっきょうと**1**を交互に重ね入れていく(写真**a**)。

POINT
大きめのらっきょうから入れていくとよい。

3 入れ終わったら袋ごとよくもみ、空気を抜きながら輪ゴムで口を縛る。冷蔵庫で4〜5日ほどおく(写真**b**)。

POINT
完成後、日ごとに味が濃くなるので、丁度よい頃合いで漬け床から取り出し保存容器に移す。

a

らっきょうと漬け床を何層にも重ね、さらにもむことで均等に味が染み込みやすくなる。

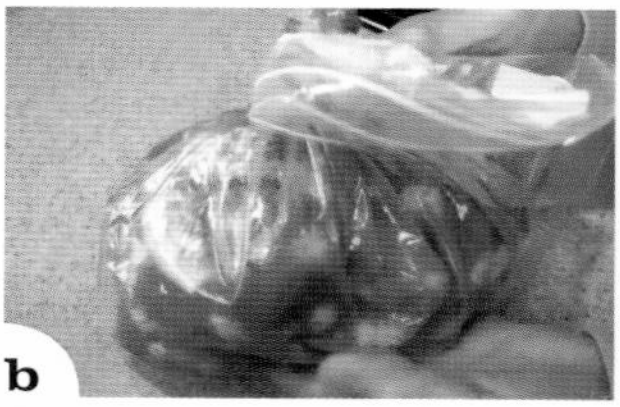

b

空気を抜きながら袋をねじり、輪ゴムで縛る。

らっきょうの塩漬け

食べ頃
半月〜1カ月後

保存期間
冷蔵で1年程度

材料

・らっきょう……1kg
・赤唐辛子……2本

A
・粗塩……70〜100g
・水……1L

B
・粗塩……70〜100g
・水……1L

塩分量の目安

・7〜8%……数カ月の保存向き
・10%……要塩抜き・長期保存向き

POINT
食べるとき塩辛ければ塩分濃度10%の塩水に漬けて塩抜きを。30分ほどすると塩分が抜けてくるので、好みで調整する。

下準備

・53ページ下準備参照

作り方

1 鍋に(**A**)を入れて煮溶かし、冷ます。

2 **1**とらっきょうを保存容器(びん)に入れ、冷暗所で10日ほどおく。

3 **2**をザルに上げて、水気をきる(写真**a**)。

4 鍋に(**B**)を入れて煮溶かす。冷ます間に漬け物容器をアルコールで消毒する。

5 漬け物容器に**3**と煮溶かした(**B**)、赤唐辛子を入れて蓋をする(写真**b**)。冷蔵庫で半月〜1カ月ほどおく。

a
水気はキッチンペーパーを使ってしっかり取るか、野菜水きり器を使うと簡単。

b
半月ほどで食べられるようになるが、漬け込めば漬け込むほどまろやかに。

梅干し

古くから食べられている、天日干しした梅を塩漬けにした漬け物です。中国から薬として入ってきたという説があるほど、体にいい食べ物です。疲労回復、そのほか食欲増進、二日酔い解消などさまざまな効果が。今回はらっきょう酢を使って漬ける方法を紹介します。酢を使うことで保存性は保ちつつ、やさしい甘みを感じられる味に仕上がります。また、初心者でも失敗しません。

スケジュール

- **6月中旬～6月下旬　赤しその塩漬け**（暑い時期だとしその色が出にくくなるので、早めに漬け込み冷蔵庫保存しておく）
- **6月中旬～7月上旬　下漬け**
- **7月中旬～7月下旬　天日干し**（晴天が3～4日続くとき、もしくは梅雨明け後）
- → **本漬け**（天日干しの最終日に行う）

梅選びのPOINT

梅は収穫時期によって用途が異なります。たとえば梅干しに使う梅は写真右のように少し赤くなっているものを選ぶとよいです。逆にカリカリ梅は食感が大切なので青いものを使います。

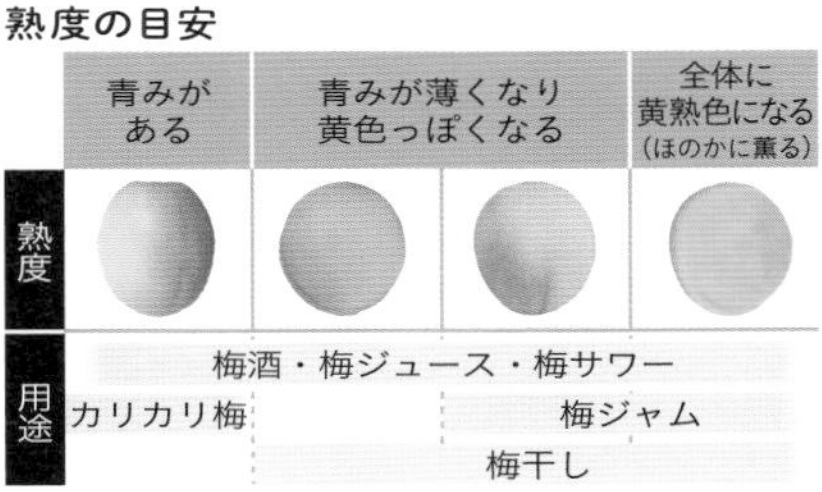

梅のサイズ

梅は粒の大きさによってサイズが決められています。サイズによって干し時間が変わったり、レシピによっては不向きなサイズもありますので、事前に知っておくとよいでしょう。

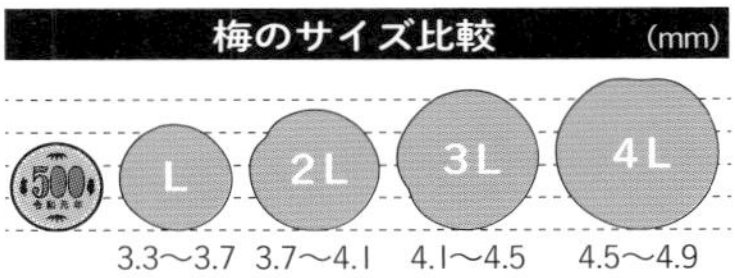

※サイズはあくまで目安です

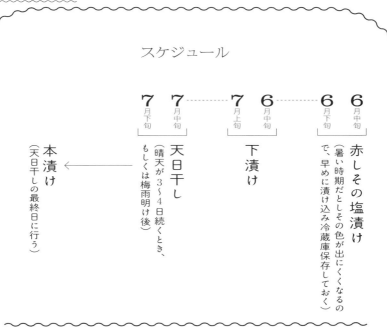

1 赤しその塩漬け

材料

・赤しそ（葉のみ）……900g

A ・粗塩……90g
・酢……180ml

B ・粗塩……小さじ3
・酢……240ml

POINT
赤しそが市場に出回りだしたら、すぐに作っておくとアクが少なく、色が出やすい。葉柄（葉の下にある茎のような部分）が赤くツヤがあるものを選ぶとよい。

作り方

1 赤しそを二度洗いし、野菜の水きり器でしっかり脱水する。

2 **1**をボウルや保存容器（桶）に移し（**A**）を入れて、繊維を切るようにもみほぐす（写真**a**）。

3 もみ終わったら、赤しその汁気をしっかり絞る（写真**b**）。

4 **3**に（**B**）を加えよく混ぜ合わせる。ポリ袋に移したら、空気を抜き口を縛って冷蔵庫で保存する。

a
洗濯物を洗うように、ゴシゴシこすり合わせてもみほぐしていく。

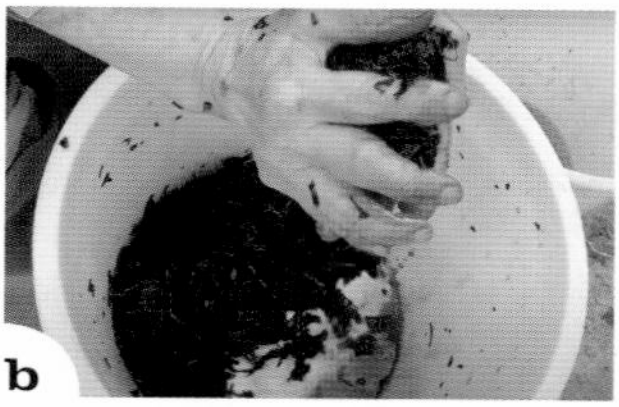

b
小分けにして絞り、しっかり汁気とアクを抜く。手に赤しその色がつかないよう、ポリ手袋などをするとよい。

我が家ではたくさんのしそを一気に漬けますが、今回は作りやすい900gのレシピをご紹介します。

2 下漬け

作り方

1 梅はよく洗いザルに上げて、しっかり水気をきる。へたは、つまようじなどで取り除く。そのとき、梅に傷をつけないよう注意。

2 保存容器に梅を入れる。青い梅から順に隙間ができないよう入れていく（写真**c**）。

3 梅を入れ終えたら、重石をのせて**2**が浸るくらいまでらっきょう酢を加えて、最後にはちみつを入れる（写真**d**）。

4 蓋をしたら、虫除けのため上から布をかぶせて、ゴムをかける。風通しのよい冷暗所で1カ月ほどおく。

材料

・梅……3kg
・らっきょう酢……約3L
・はちみつ……大さじ3〜4と1/2

下準備

・保存容器（かめ、びん）を洗う。天日干し、またはアルコール消毒して殺菌する
・重石は熱湯をかけるなどして、殺菌しておく

c

隙間ができないように、梅を並べながら保存容器に入れていく。ここではかめを使用。

d

梅がしっかり浸る量のらっきょう酢を入れて、はちみつを入れる。かき混ぜなくてもOK。

3 天日干し

干し時間の目安
・梅のサイズが2L以下……2日ほど
・梅のサイズが3L以上……3日ほど

e
梅が重ならないようザルに並べる。

f
もむことで実割れがよくなる。

g
残っていたへたはつまようじで取る。

1日目

下漬けした梅はザルに上げる。このとき、漬けたときのらっきょう酢を受けるため下に桶を置いておく。ザルに上げた梅は、重ならないように並べていく（写真**e**）。

> POINT
> 桶にたまったらっきょう酢は、ラップをして1日天日干しする。取り込んで冷めたらびんに入れて保存しておくと、梅の本漬けの際や、調味料として活用できる。

2日目

梅を軽くもみながら、均一に乾くようひっくり返していく。（写真**f**）。へたの取り残しがないかどうかもチェックしておく（写真**g**）。

3日目（2日目）

半日したらひっくり返し、夕方本漬けをする。

4本漬け

食べ頃
2カ月後

保存期間
冷蔵で
1年

材料

- 天日干しした梅
- らっきょう酢……1.8L（60ページでとっておいたものでOK）
- 赤しその塩漬け（58ページ）
- はちみつ……適量
- けずり節……適量
- だし昆布……適量

作り方

1 天日干しした梅につまようじで4〜5カ所穴を開けて、保存容器（かめ、びん）に入れる（写真**h**）。

POINT
梅は、味の浸透性を考えてかたそうなものから保存容器に並べていく。漬けるときに使う保存容器は、梅の分量に合ったサイズを選ぶ。

2 赤しその塩漬けと梅を交互に入れる。お好みで、はちみつ、けずり節、だし昆布を加える（写真**i**）。

3 梅が浸るくらいらっきょう酢を注ぐ。

4 蓋をして上から布をかぶせて、ゴムをかけ風通しのよい冷暗所で2カ月ほどおく。

h

つまようじで穴を開けて漬けるとふっくら仕上がる。

i

グラニュー糖でもよいが、はちみつのほうがやさしい甘みに仕上がる。

カリカリ甘梅漬け

やわらかくせずカリカリとした食感を残して漬けます。梅干しと違って、熟す前に収穫された青梅を使用します。お茶請けにぴったりで、1年たってもカリカリとした食感が楽しめます。

カリカリ甘梅漬けの作り方

材料

・梅……3kg
・粗塩……360〜390g
・ホワイトリカー……180ml
（アルコール度数35度）

下準備

・梅を桶に入れ、全体が浸るくらいの水を注ぐ。5〜6時間おいてアクを抜く
・何度か水を替えて水が汚れなくなるまで梅を洗い、ザルなどに上げ日陰で水気をきる。乾燥させながら梅のへたを取る（59ページ）
・保存容器（桶）や中蓋、重石などをしっかり殺菌する

1 塩漬け

作り方

1 深めの容器に梅を入れて塩を加え、もむ（写真**a**）。

> POINT
> 下に塩がたまってしまうので、ある程度続けたら梅を下からかき混ぜながら行うと全体に塩がなじむ。

2 梅の表面が水っぽくなってきたらホワイトリカーを入れて、**1**の要領でさらにもみ込む（写真**b**）。

3 中蓋をして梅の倍の重さの重石をのせる。虫が入らないよう布で覆いゴムをかけ、その上に蓋をのせる。カビや虫予防のため、風通しのよい冷暗所で8時間ほどおく。

4 均一に漬かるように中身を別の保存容器（桶）に移して、天地をひっくり返す。**3**の状態に戻したらさらに8時間ほどおく。

> POINT
> 保存容器は分量に見合うサイズのものを使う。

5 確認してもし表面にまだ塩が残っている場合は、かき混ぜて重石をのせ、さらに塩が溶けるまでおく。

a
梅が飛び出さないよう深めの保存容器を使う。容器を両手でもって前後にゆすったり、左右にゆすったりしながら塩を全体にもみ込む。

b
全体に塩が回りホワイトリカーが染み込むと表面が水っぽくなる。この状態までもみ込む。

2 梅を割る

材料

・塩漬けした梅

道具

・まな板
・包丁
・板

作り方

1 | 梅をザルに上げ水気をきる。

> POINT
> 取り出した塩漬けの汁は「白梅酢」として酢の物などの料理に使えるので残しておくと便利。

2 | 梅の筋に沿って包丁を入れながら梅を回して、切り目を入れる（写真**c**）。

3 | まな板の上に梅を置く。その上に板をのせて、体重をかける（写真**d**）。

4 | **2**〜**3**を一つずつ行って梅を割り、種を取る。

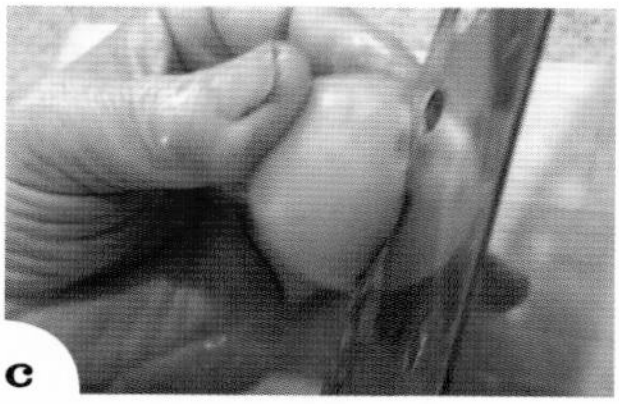

c

刃を入れたまま梅をぐるっと回して切り目を入れる。

d

まな板に梅を一つ置いてその上に板をのせる。ぐっと体重をかけて梅を割る。

うちはたくさん梅を漬けるので梅割り器を使います。お店で買うこともできますが、梅割り器を使わずに梅を割る方法をご紹介します。

3 本漬け

材料

- 種を取った塩漬けの梅
- 氷砂糖(ロックタイプ)……600g
- きび砂糖……600g
- 赤しその塩漬け(58ページ)……720g
- 酢……150ml

下準備

- 保存容器、重石、中蓋は、殺菌消毒をしておく

作り方

1 保存容器(かめ)に梅と水を入れる。水がにごらなくなるまで水を替え梅を洗う。

2 酢抜き、塩抜きのため、梅全体が浸るくらいの水を張って3〜4時間ほどおく。

> POINT
> 途中試食をして、酢と塩の味加減が丁度よくなるまで何度か水を入れ替える。

3 **2**をザルに上げて水気をきる。さらに野菜の水きり器を使ってしっかり水気をきる。

4 保存容器に**3**を少し移し、きび砂糖、氷砂糖、赤しその塩漬けを入れる。これを何度か繰り返す(写真**e**)。

5 最後に残りの氷砂糖を上にのせて酢を回し入れる。

6 中蓋をして梅と同じ重さの重石をのせる。布をかぶせてゴムをかけ、蓋をのせて風通しのよい冷暗所で2日ほどおく。

7 中を確認して氷砂糖が溶けていない、あまり水が上がっていない場合は重石を追加してさらに1日ほどおく(写真**f**)。

8 完成したら保存袋に移して冷蔵庫で保存(冷凍も可)。気温が上がると傷みやすいので必ず冷蔵(または冷凍)保存する。

e

梅、きび砂糖、氷砂糖、赤しその塩漬けを入れる。これを繰り返し行い、一番最後に残しておいた氷砂糖を加える。

f

重石に付くくらい水が上がっていたらOK。漬けおき2日目でもこの状態であれば完成。

梅酒

飲み頃
6カ月後

保存期間
常温で
長期間
保存可

材料

- 梅……1kg

A
- 氷砂糖（ロックタイプ）……500g〜1kg
- ホワイトリカー……1.8L（アルコール度数35度）

POINT
梅は、完熟だとジューシーな味わい、青梅だとさっぱりした味わいになる。

作り方

1 梅はよく洗ってへたを取り、キッチンペーパーで一つ一つ水気を取りながら保存容器（びん）に入れていく（写真**a**）。

2 保存容器に（**A**）を加えて風通しのよい冷暗所で6カ月ほどおく。

POINT
漬けて6カ月ほどで飲めるようになるが、より長く漬け込むと、より芳醇な味わいが楽しめるようになる。

a
一つ一つ丁寧に水気を拭き取ることでおいしい梅酒ができる。

しそジュース

材料

- 赤しそ……400g
- 水……2L
- グラニュー糖……300g
（好みで変更可）
- クエン酸……25g

作り方

1 鍋に水を入れて沸騰させ、よく洗った赤しそを加える。

2 ひと煮立ちしたら火を止めて粗熱をとる。

3 赤しそを取り出してグラニュー糖とクエン酸を入れる。

4 **3**を再び火にかけて沸騰したら火を止める。冷めたら完成。

飲み頃
完成後すぐ

保存期間
冷暗所で
3カ月

できあがったシロップは原液なので、水や炭酸水などで割って飲んでください。

さっぱりなのにスタミナ満点！

みょうがの中華風そうめん

「みょうがの甘酢漬け」（31ページ）を使って

材料

- みょうがの甘酢漬け
- そうめん
- きゅうり
- ごま
- ミニトマト

A
- しょうゆ……50ml
- みりん……30ml
- 三温糖……大さじ1
- 酢……大さじ1
- ごま油……小さじ1
- 赤唐辛子……適量

B
- 卵……1個
- 砂糖……少々
- 顆粒和風だし……少々

- ニラ……100g

下準備

- ニラを食べやすい大きさに切り、(**A**)に5〜6時間漬け込む（残りはニラしょうゆとして活用可能）

作り方

1. そうめんをゆで、水気をきる。
2. (**B**)で炒り卵を作る。
3. **1**に漬け込んだニラを混ぜ合わせ、**2**やみょうがの甘酢漬け、きゅうり、ごま、ミニトマトをトッピングする。

甘酸っぱさがクセになる！

らっきょうのタルタルソース

「らっきょうの甘酢漬け」（53ページ）を使って

うちのタルタルソースはピクルスの代わりに、らっきょうの甘酢漬けを使います。玉ねぎ、ゆで卵、マヨネーズ、レモン汁と一緒に混ぜ、塩こしょうで味を整えて完成。ふつうのタルタルソースよりも酸味の効いた味わいです。

彩りと食感のアクセントに

みょうがのちらし寿司

「みょうがの甘酢漬け」（31ページ）を使って

紅しょうがをトッピングする感覚で、うちではみょうがの甘酢漬けをちらし寿司にトッピングします。新しょうがの甘酢漬け（32ページ）をのせてもおいしいです。具材が少ないシンプルなちらし寿司なら、これをのせるだけで彩り華やかになります。

食欲がないときにおすすめ！
梅干しの炊き込みご飯

「梅干し」(56ページ)を使って

材料

- 梅干し……2〜3個
- 米……2合

A
- 水……440ml
- 白だし……小さじ2
- みりん……小さじ1
- 酒……大さじ2
- 顆粒昆布だし……小さじ1/2

下準備

- 米は洗って1時間ほど水気をきっておく

作り方

1 米を炊飯器に移し(**A**)を加え、最後に梅干しを入れる。30分ほど給水してから炊く(炊飯時間に給水時間が含まれる場合は除く)。

2 炊き上がったらかき混ぜて梅干しをほぐし、種を取り除いたら完成。

信州長野の味を再現
野沢菜おやき

「野沢菜漬け」(50ページ)を使って

材料

- 水……90ml
- 卵……1個
- 野沢菜漬け……250g
- ごま油……小さじ1と1/2

A
- 中力粉……250g
- ベーキングパウダー……大さじ1/2
- 重曹……小さじ1/2
- 砂糖……50g
- 塩……少々

B
- 酒……50ml
- 水……50ml
- しょうゆ……大さじ1
- みりん……大さじ1
- 砂糖……小さじ1と1/2〜大さじ1
- 顆粒和風だし……小さじ1/2

下準備

- 野沢菜漬けは1日水に浸して塩出しをして、水気をよくきり、小さく切っておく

作り方

1 ボウルに(**A**)を入れかき混ぜる。

2 溶き卵に水を加え混ぜる。それを**1**に少しずつ加えながら混ぜ合わせる。

3 固まってきたらボウルにラップをして30〜40分休ませる。

4 鍋にごま油をひき、野沢菜漬けを炒める。火が軽く通ったら(**B**)を加え、汁気がなくなるまで炒める。

5 おやきがくっつかないよう蒸し器に穴を開けたクッキングシートを敷いて、半分くらい水を入れておく。

6 **3**を8等分して丸め、打ち粉(分量外)を少しつけ、直径10cmに延ばす。

7 **6**の中央に**4**を押さえつけるようにしてのせて、周囲の生地をクロスするように寄せ包んでいく。

8 閉じた口を下にして軽く潰し、回転させながら丸く整える。

9 蒸し器の湯が沸いたら**8**を間隔を空けて並べ、10〜15分中火で蒸す。

10 サラダ油をひいたフライパンに**9**を移して、両面焦げ目がつくまで焼く。

キムチ

野菜を塩漬けにして唐辛子やにんにく、塩辛などを加え、重石をせず密封して漬け込んだ朝鮮半島の辛い漬け物。乳酸菌やビタミンが多い発酵食品ですが、日本製はマイルドな味の発酵していないタイプも多いです。初心者も挑戦しやすい即席版をご紹介します。

白菜のキムチ

食べ頃
本漬けして
2日後

保存期間
冷蔵で
1週間（冬）

材料

・白菜……1kg（1個）
・市販のキムチの素……100〜200g
・塩……30g
・中ザラ糖……30g

A
・にんにく……2かけら
・にんじん……1本
・りんご……1個

下準備

・白菜は1/4に切り、3時間ほど天日で干しておく

作り方

1 天日干しした白菜をよく洗い水気をきったら、好みの大きさにざく切りにする（写真**a**）。

2 白菜の芯の部分と塩の半分を保存袋に入れもみ込む。その後、残りの白菜と塩を入れ同様にもみ込む。

3 袋の空気を抜いて輪ゴムで口を縛り、重石をのせる。翌日袋をひっくり返し、再び重石をのせる。

4 **3**をザルに上げ水気をきる（写真**b**）。その間にフードプロセッサーで（**A**）をみじん切り、もしくはすりおろす。

5 保存袋に**4**と中ザラ糖、キムチの素を入れてよくもむ。空気を抜きながら口を輪ゴムで縛る。冷蔵庫で2日ほどおく。

POINT
2日後に試食して塩気が足りないと感じた場合は、しょうゆを大さじ2ほど加えるとよい。

a
白菜は縦に線を入れるように包丁を入れ、葉先から好みの大きさに切る。

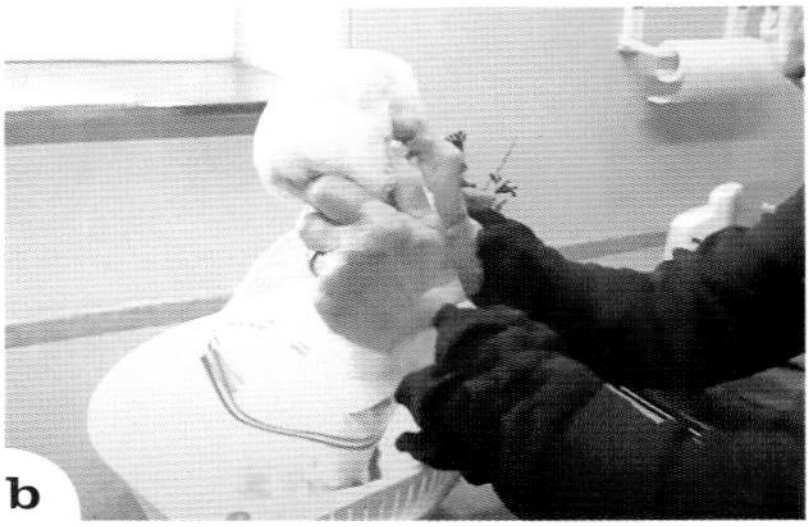

b
塩漬け後は、袋ごと絞ってザルに上げ、さらに手で押さえて絞り、しっかり水気をきる。

キムチ

こんな野菜も漬けられます

基本の作り方

1 | 材料の下準備をする。

2 | 保存袋に切った野菜を入れて、水分が出るまでしっかりもみ込んで塩漬けする。

3 | ザルに上げて水気をきる。

4 | **3**と(**A**)を保存袋に入れて袋ごともみ込む。

5 | しっかり味をもみ込んだら、空気を抜いて保存袋の口を閉じ袋をくるくる丸めて輪ゴムで縛る。

POINT
市販のキムチの素を使っているが、さきいかを入れることで旨みが増してより本格的な味に仕上がる。

	きゅうり	大根
材料	・きゅうり……200g(2本) ・塩……小さじ1 **A** ・市販のキムチの素……大さじ2 ・三温糖……小さじ2(甘めが好きな方は大さじ1) ・さきいか……10g	・大根……200g(1/4本) ・塩……小さじ1 **A** ・市販のキムチの素……大さじ2 ・三温糖……小さじ2(甘めが好きな方は大さじ1) ・さきいか……10g
下準備	・よく洗い縦半分に切って、さらに長さを3〜4等分に切る ・さきいかは2〜3cmにカットしておく	・よく洗い皮付きのまま2〜3cm角に切る ・さきいかは2〜3cmにカットしておく
塩漬け時間	30分	3時間
保存期間	冷蔵で3日(夏)	冷蔵で5日(夏)、1週間(冬)
ポイント	市販のキムチの素を使っているが、さきいかを入れることで旨みが増してより本格的な味に仕上がる。	

きゅうりの水キムチ

食べ頃
2日後

保存期間
冷蔵で
5日

材料

- きゅうり……425g（4本）
- りんご……60g（1/4個）
- 米の研ぎ汁……400ml
- 塩……小さじ1
- 酢……大さじ1

A
- 塩……小さじ2
- 三温糖……大さじ1
- だし昆布……1枚

B
- にんにく……1かけら
- しょうが……1/2かけら
- 赤唐辛子……適量

1度目の米の研ぎ汁は濃すぎるので捨て、2〜3度目の研ぎ汁を使ってください。

作り方

1 きゅうりは塩で板ずりして、保存容器（びん）の大きさに合わせて切る（写真**a**）。りんごは厚さ2〜3mmのいちょう切りにする。

2 米の研ぎ汁を鍋に入れて、アクを取り除きながら沸騰させる。

3 沸騰したら火を止めて（**A**）を入れる。

4 **3**が冷めたら、保存容器に**1**と**3**、（**B**）を入れて（写真**b**）、冷蔵庫で2日ほどおく。

POINT
徐々に発酵が進み、味の変化が楽しめる。また、漬け汁も一緒に食べられる。

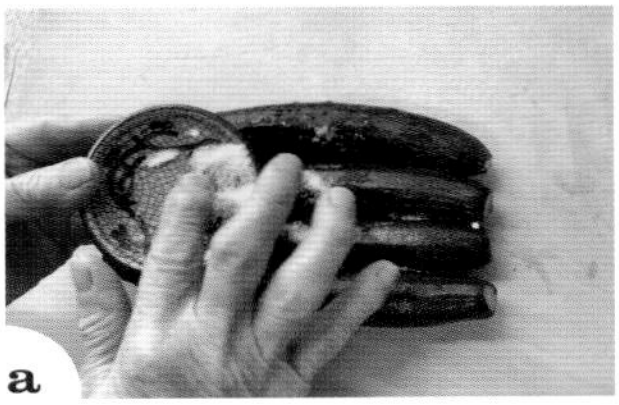

a
きゅうりを板ずりする。塩をこすりつけることで表面が滑らかになり、口当たりがよくなる。

b
すべての材料を保存容器に入れ、材料が浸るぐらいの米の研ぎ汁を加えて漬け込む。

ピクルス

野菜や果実を香辛料とともに酢漬けした西洋の漬け物で、保存性に優れ、甘酸っぱくさっぱりした口当たりが特徴です。きゅうりが代表的ですが、さまざまな野菜が漬けられます。酢を使わず、塩と水だけで発酵させるものもあります。

セロリとパプリカのピクルス

材料

・セロリ……500g（5本）

・パプリカ……1/2個

A
・上白糖……大さじ2
・塩……10g
・酢……大さじ2
・酒……大さじ1
・みりん……大さじ1

作り方

1 セロリは筋を取り、好みの大きさに切る（写真**a**）。

2 パプリカは縦に細切りにする。**1**と合わせてボウルに入れる。

3 （**A**）を鍋に入れ火にかけて、混ぜながらしっかりと煮溶かし、冷めないうちに**2**にかける（写真**b**）。

4 ボウルをよく振って冷まし終えたら完成。保存容器に移し替え、漬け汁に野菜が浸るような状態で保存する。

食べ頃
完成後すぐ

保存期間
冷蔵で
5日～
1週間

a
セロリの表面は硬いので筋取りを。包丁の刃を立ててこそぐか、ピーラーを使うと簡単。

b
煮溶かした漬け汁は熱いまま、セロリとパプリカにまんべんなくかける。

中華風のピクルス

食べ頃
漬けて
1〜3日後

保存期間
冷蔵で
10日〜
2週間

材料

・野菜……300g（大根、パプリカ、にんじん、きゅうり、セロリ、玉ねぎなど）

A
・冷まし湯……500ml
・にんにく焼酎……大さじ1
（ない場合はにんにく1かけらと焼酎大さじ1で代用可）
・黒酢……50ml
（米酢や穀物酢でも可）
・黒砂糖……小さじ1
（三温糖やきび砂糖でも可）
・塩……大さじ1

B
・しょうが（薄切り）……適量
・だし昆布……適量
・赤唐辛子……適量
・八角……適量
・山椒の実……適量

下準備

・野菜を2〜3cm長さに切っておく
・切った野菜はザルに広げ、2時間ほど天日で干しておく（写真**a**）

作り方

1 保存容器に（**A**）を入れてかき混ぜる。なじんできたら、そこに（**B**）を加える。

2 天日干しした野菜を**1**に入れる（写真**b**）。

3 蓋をして冷蔵庫で1〜3日ほどおく。保管も冷蔵庫で。

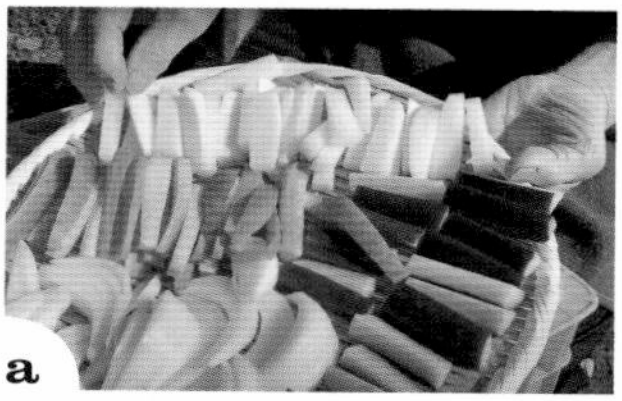

a

きゅうりやパプリカの種、セロリの筋を取り除き、野菜はそれぞれ2〜3cmにカットする。天日干しは、ときどき天地をひっくり返し、均一に乾くように干す。干し上がると反って白っぽくなる。

b

容器に漬け汁の材料を注いだら、念入りにかき混ぜる。野菜を入れて冷蔵庫で保管する。

キムチからすべて自分で作る

キムチチヂミ

「白菜キムチ」(71ページ)を使って

お店で食べることが多いチヂミですが、自家製キムチを使って作るとまた格別です。白菜キムチ、豚バラ、ニラ、玉ねぎを食べやすい大きさに切り、小麦粉、片栗粉、卵、水を混ぜて焼くだけ。ピザチーズも混ぜるとまろやかになってさらにおいしいです。

ガッツリ食べたい！

豚キムチチャーハン

「白菜キムチ」(71ページ)を使って

いつものチャーハンに白菜キムチと豚バラをプラスすることで、さらに具沢山に！自家製なら辛さを調整できるので、好みの味に調整できるのがいいところですね。炒めると増すキムチの酸味と、豚バラのコクが絶妙で、定番ですがおすすめの調理法です。

食べごたえたっぷり！

バインミー風サンドイッチ

「セロリとパプリカのピクルス」(75ページ)を使って

材料

- ・ピクルス
- ・アボカド
- ・フランスパン……1本
- ・マヨネーズ
- ・豚バラ肉
- ・しょうゆ……大さじ2
- ・上白糖……大さじ1
- ・酒……大さじ1

A
- ・刻み玉ねぎ……300g
- ・オリーブオイル……大さじ3
- ・三温糖……大さじ2
- ・塩……小さじ1
- ・酢……100ml
- ・みりん……70ml
- ・しょうゆ……70ml
- ・酒……70ml
- ・にんにく、赤唐辛子……各適量

(残った**A**は玉ねぎドレッシングとして活用可能)

作り方

1. 潰したアボカドと刻んだピクルスを混ぜ合わせる。
2. 豚バラに軽く塩と片栗粉をまぶしフライパンで焼く。焼き目がついたら、しょうゆ、砂糖、酒を加え煮絡める。
3. フランスパンを半分に切り、横に切り込みを入れて、トースターで3分ほど焼く。
4. **3**の切り込みにマヨネーズをぬり、**1**と**2**をはさみ、混ぜ合わせた(**A**)をかける。

コラム 2

知っておくと便利な冷凍ワザ

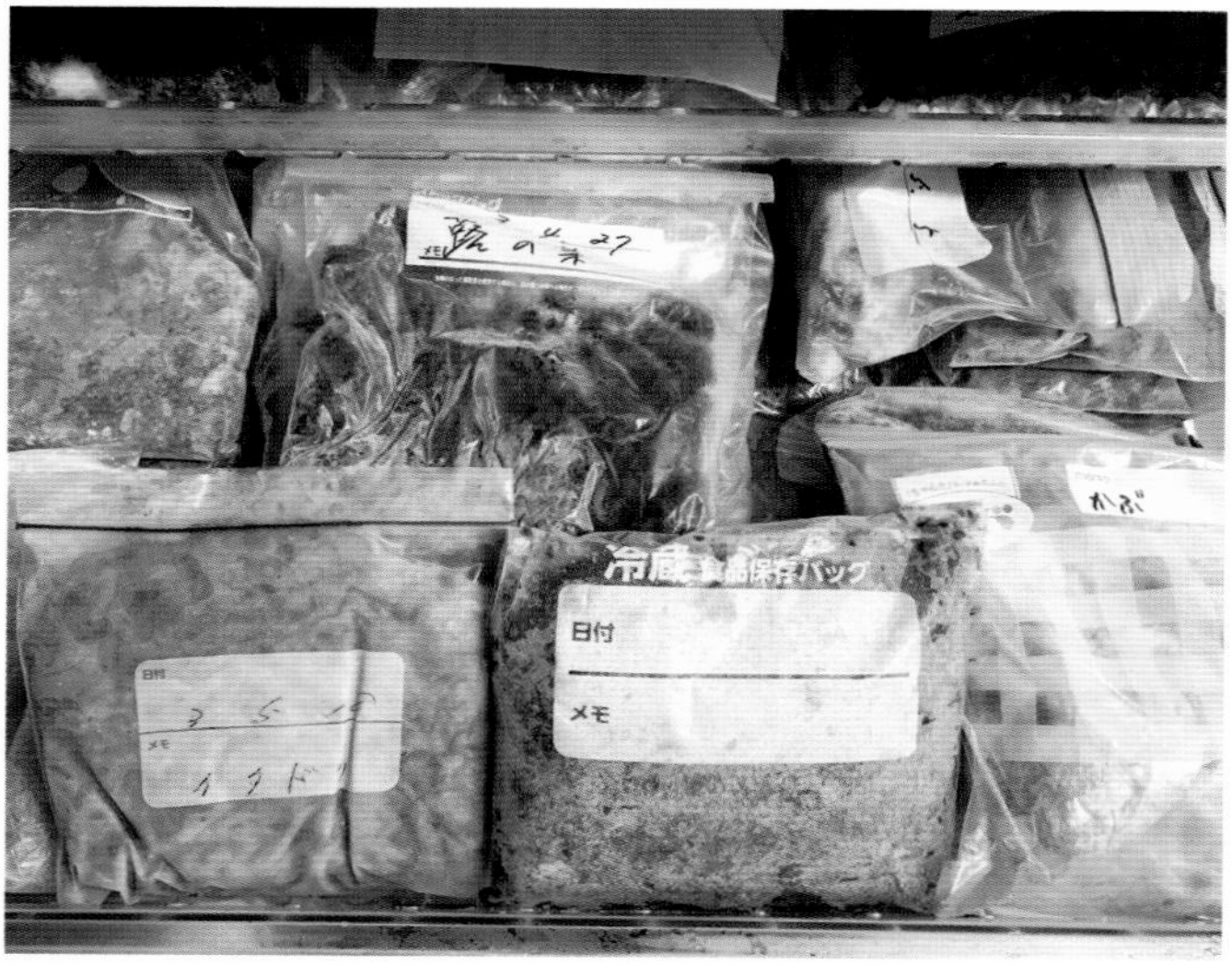

より長く保存＋便利に

じつは漬け物は、冷凍保存が可能です。知らなかったという方も多いのではないでしょうか。我が家ではたくあん、梅漬け、奈良漬けなんかを冷凍保存し、必要な分だけ解凍。これがかなり便利なのです。

ただし、きゅうりやなすなど水分を多く含む野菜の漬け物の冷凍は、あまりおすすめできません。コツとしては、保存袋などに入れて空気を十分に抜いた状態で冷凍すること。これは冷蔵保存でもいえることで、保存するときの鉄則です。空気が入った状態だと、冷凍していても品質がどんどん落ちてしまうからです。

解凍するときは、食べる前日に冷蔵庫に入れておくか、常温での自然解凍がベスト。これは食感を失わないためです。

冷凍保存をするときは漬け物を漬けるときに使う保存袋でOK。しっかり口を閉じられるタイプのものを使うといいですよ。

食べきれなかった漬け物は、保存袋やラップを使って冷凍保存可能です

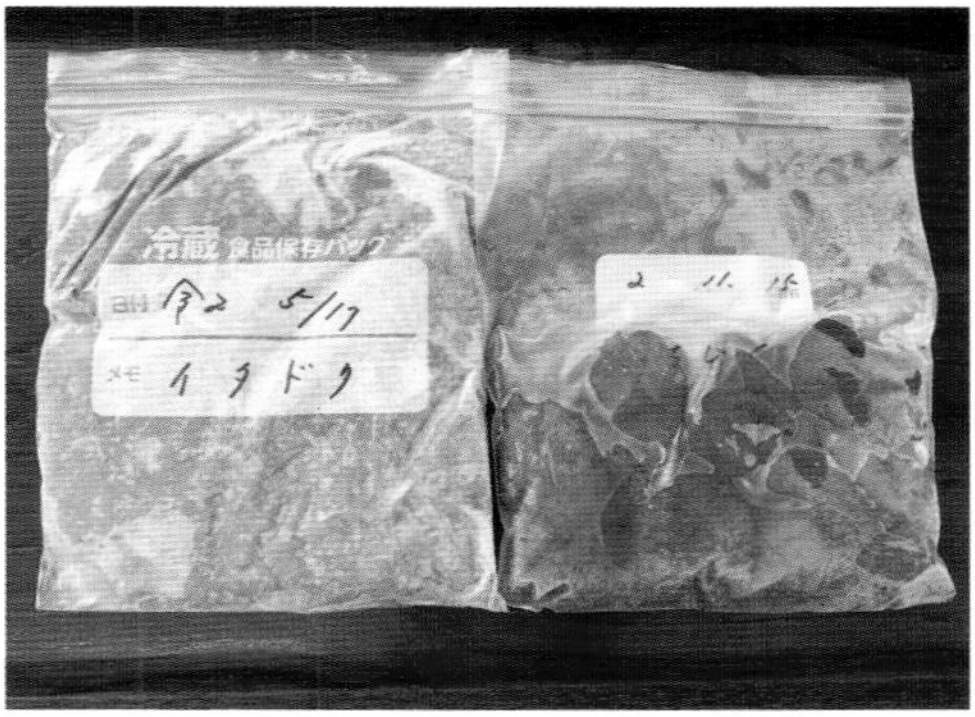

しっかり空気を抜くことが長く鮮度を保つためのコツ。保存した日付を書いておくとよいでしょう

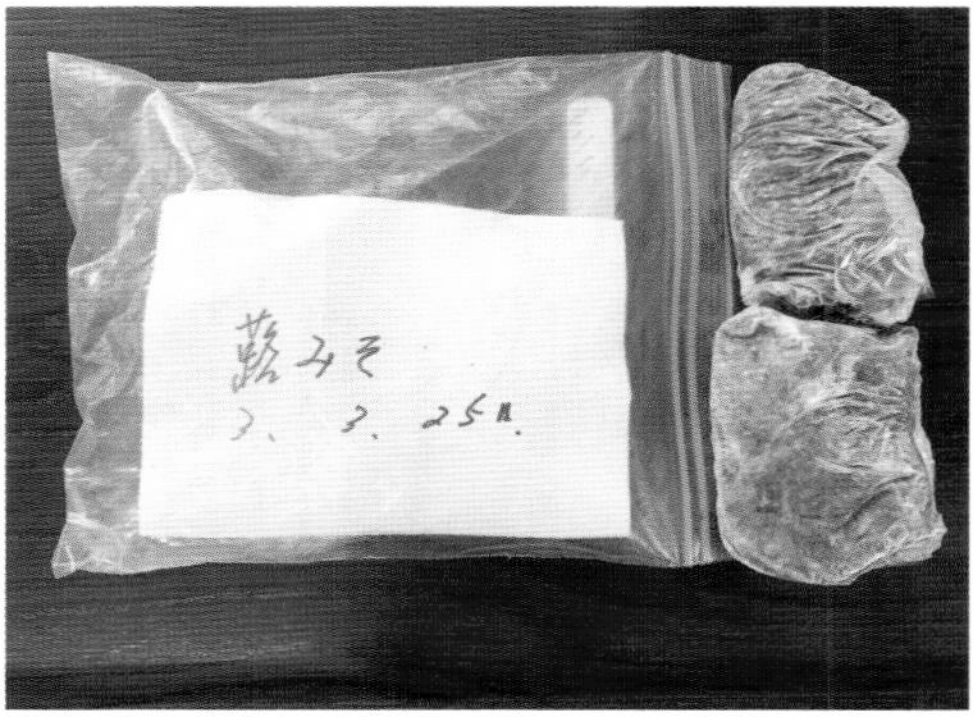

小分けにして保存しておくと、使う分だけ解凍できるので便利です

2
章

季節の漬け物と保存食

四季折々、新鮮な食材を使った漬け物を紹介します。
漬けることでその味わいや旨みがさらに増します。
ぜひ試してみてください。

春

ふき

山道などに自生していることも多い春の野菜です。おもに茎の部分を食べますが、調理の際はアク抜きが必須。自宅で育てる場合、大きくなりすぎるとアクが強くなるので、早めに収穫してください。また、春先になると若い花茎《かけい》が地面から顔を出しますが、これも食用で、ふきのとうと呼ばれます。

ふきのみそ漬け

材料

- ふき……500g（1束）
- 塩……適量（板ずり用）
- **A**
  - 三温糖……大さじ2
  - みりん……大さじ2
  - 顆粒和風だし……小さじ1
  - みそ……100〜150g

下準備

- 収穫したふきはしんなりするまでおく

食べ頃
1日後

保存期間
冷蔵で
5〜7日

作り方

1 ふきに塩を振りかけて板ずりする。鍋で湯を沸かし、指でつまんだときに潰れるくらいまでふきをゆでる（写真**a**）。

> POINT
> ふきは口の広い鍋で、なるべく長いままゆでるのがおすすめ。皮がむきやすくなる。

2 **1**をザルに上げ、冷めたら皮をむく（写真**b**）。

3 水にさらしてアクを抜く。途中で2〜3回水を替えながら8時間ほどおく。

4 水気をきったふきを好みの長さに切って、（**A**）と一緒に保存袋に入れ、もみ込んで冷蔵庫で一晩おく。

5 味見してみて、好みの味になっていたら洗って別の容器で保存。味が薄かったらもう少しおく。

ふき全体が湯に浸るように。ゆであがりのかたさが均一になるように、太いものから入れるとよい。

b

ふきは太いほうの端からむいていく。まず爪を立てて数cmずつ一周むき、出た皮をまとめて一気にむく。

ふきの煮物

食べ頃
完成後すぐ

保存期間
冷蔵で
2〜3日

材料

・ふき……350g(3〜4本)
・油揚げ……2枚(湯で油抜き)
・塩……適量(板ずり用)

A
・だし汁……200ml
・三温糖……大さじ1
・みりん……大さじ1
・しょうゆ……大さじ3
・酒……大さじ2

下準備

・油揚げは熱湯をかけるなどして油抜きする

作り方

1 83ページの**1〜3**の手順でふきのアクを抜く。

2 鍋に好みの大きさに切ったふきと油揚げ、(**A**)を入れる。

POINT
ふきと一緒に入れる具材はお好みでOK。

3 落とし蓋をして中火で煮る(写真**a**)。

4 ときどきかき混ぜながら、汁がなくなるまで煮詰めたら完成(写真**b**)。

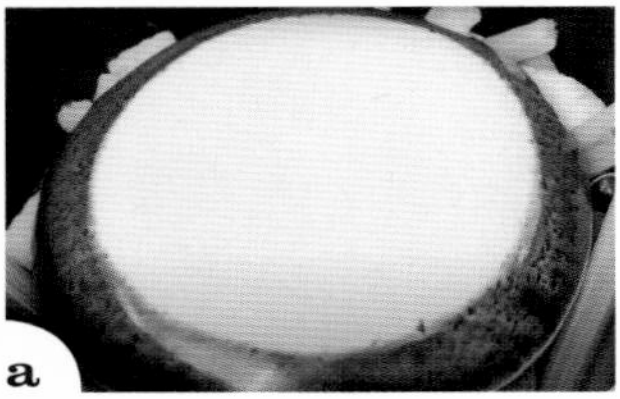

a
丁度いい落とし蓋がない場合、皿などで代用できる。

b
一気に煮詰めるのではなく、途中で火から下ろして粗熱がとれるまで休ませると味がまろやかに! 2〜3回休ませるとよい。

ふきのとうのヨーグルトみそ漬け

食べ頃
2〜3日後

保存期間
冷蔵で
4〜5日

材料

・ふきのとう……200g（20個程度）

A
・みそ……大さじ2
・ヨーグルト（無糖）……80g
・三温糖……大さじ1
・みりん……10ml
・酢……10ml
・だし昆布（細切り）……適量
・赤唐辛子（輪切り）……1本

下準備

・ふきのとうは2〜3時間水に浸してアク抜きする

ふきのとうは春に山道などに顔を出します。最近はスーパーにも出回っているようです。

作り方

1. 保存袋に（A）をすべて入れ、もんで混ぜ合わせる。
2. ふきのとうを1の保存袋に入れてもみ込む（写真a）。
3. 袋の空気を抜いて口を閉じ、輪ゴムで縛る（写真b）。
4. そのまま冷蔵庫で2〜3日ほどおく。

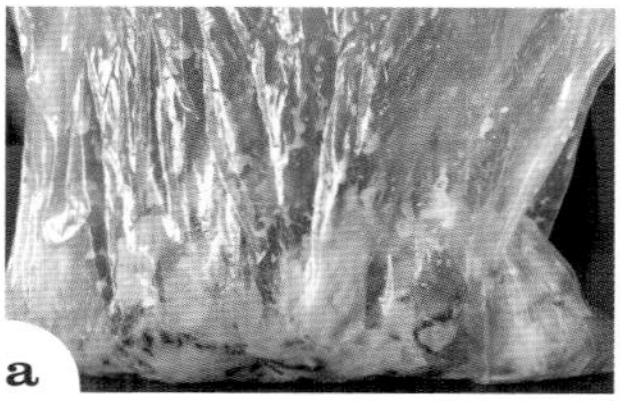

a
味が均一になるようにしっかりもみ込む。

b
ふきのとうギリギリのところで縛るとよい。

春

キャベツ

キャベツは世界中で育てられている定番の葉野菜です。ここで紹介するキャベツの漬け物は通年楽しむことができます。ただし、塩昆布漬けとゆず風味漬けの本来のおいしさを味わいたいのであれば春に出荷される「春キャベツ」を使って作ってみてください。水分を多く含んでいてやわらかく、ほのかな甘みが後を引きます。

春キャベツの塩昆布漬け

材料

・春キャベツ……400g（小1/2玉）
・きゅうり……1/2本
A
・塩……大さじ1/2
・三温糖……大さじ1/2
・酢……大さじ1/2
・みりん……大さじ1/2
・塩昆布……適量

作り方

1 キャベツときゅうりを食べやすい大きさに切り（写真**a**）、水気をきる。

2 ボウルにキャベツときゅうり、（**A**）をすべて入れる。

3 よく混ぜて調味料をなじませる（写真**b**）。

4 ボウルの中で**3**を平らにして重石をし、冷蔵庫で2〜3時間ほどおく。

5 ときどきかき混ぜながら味見をして、好みの味まで漬かっていれば完成。味が薄い場合はさらに1時間ほどおく。

食べ頃
完成後すぐ

保存期間
冷蔵で
2〜3日

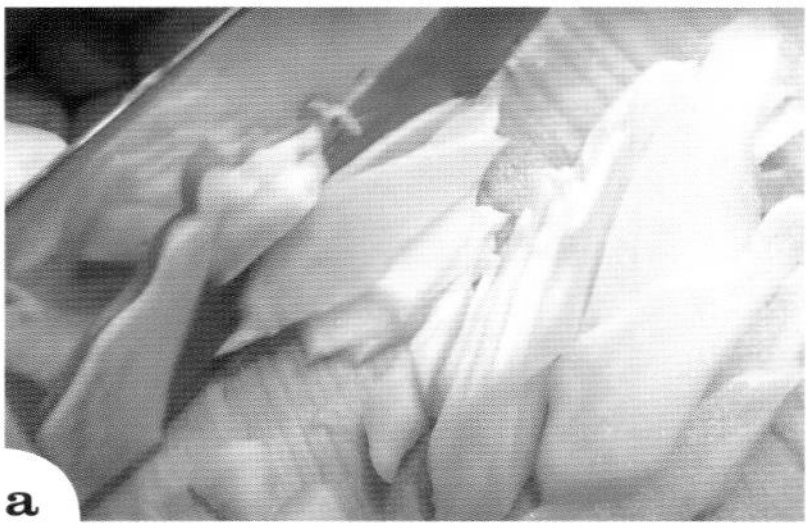

a
芯の部分はかたいので薄めにスライスすると食べやすくなる。

b
春キャベツは、強く押さえすぎないこと。

春キャベツのゆず風味漬け

食べ頃
完成後すぐ

保存期間
冷蔵で
2〜3日

材料

- 春キャベツ……300g（中1/3玉）
- セロリ……140g（2本）
- にんじん……60g（1/3本）
- ゆず……適量

A
- 塩……小さじ2
- 三温糖……小さじ1
- 顆粒昆布だし……小さじ1
- みりん……20ml
- 酢……10ml
- 赤唐辛子……適量

作り方

1 野菜を好みの大きさに切り、ボウルに入れる。

POINT
野菜の大きさはなるべくそろえて切る。

2 ゆずの皮をむき、皮を千切りにし、果肉からは果汁をしぼり、ともに**1**に加える（写真**a**）。

3 （**A**）をすべて加える。赤唐辛子は手でちぎるかハサミで切るとよい。

4 ボウルの中でよくもんで、調味料をなじませる。

5 保存袋に入れて空気を抜き、口を閉じて輪ゴムで縛り、冷蔵庫で2〜3時間ほどおく（写真**b**）。

a
ゆずの果肉は、ネットなどに入れてしぼる。

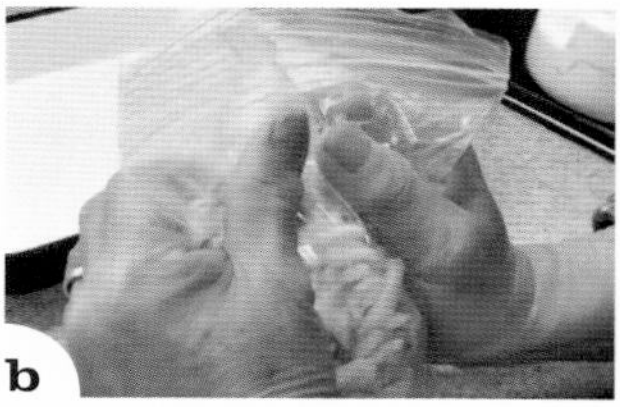

b
しっかり空気を抜き、真空状態に。味が薄い場合は好みの味になるまで漬け込み時間を延ばす。

ザワークラウト

食べ頃
3〜5日後

保存期間
冷蔵で
夏1週間
冬1カ月
（雑菌が入らなければ）

材料

・キャベツ……300g（中1/3玉）
・塩……6g（野菜の重さの2%）
・キャラウェイシード……適量

POINT
香辛料を替えてもOK。ローリエ、山椒の実、赤唐辛子などをお好みで。

作り方

1 キャベツは大きさをそろえて千切りにする。

2 ボウルに1と塩とキャラウェイシードを入れてよく混ぜる。

3 2を保存袋に入れ、平らにして空気を抜く。

4 3をバットに入れ、その上からさらにバットなどの平らなものを重ねて重石をする（写真a）。

5 1日1〜2回上下をひっくり返しながら冷蔵庫で3〜5日ほどおく。酸味が出てきたら完成。

a
保存袋の上に重ねるのは平らなお皿などでもOK。

うちではザワークラウトは長期保存するため、びんは必ず煮沸消毒しています。取り出すときの箸やフォークも煮沸消毒して、雑菌を入れないようにしましょう。

玉ねぎのみそ漬け

食べ頃
4〜5日後

保存期間
冷蔵で
7〜10日

材料

・玉ねぎ……400g（中2個）
・七味唐辛子……適量

A
・みそ……150〜170g
・みりん……大さじ2
・中ザラ糖……大さじ2
・酢……大さじ1

みそは種類によって塩分量が異なります。味をみて調整してください。最後に七味を振ってもおいしいです。

作り方

1 玉ねぎは5〜8mm幅の輪切りにする。

2 保存袋に（**A**）をすべて入れ、もんで混ぜ合わせる（写真**a**）。

3 **1**の玉ねぎに**2**をぬる（写真**b**）。

4 **3**の玉ねぎを重ねるようにして、**2**の保存袋に入れる。

5 袋の空気を抜いて口を閉じ、重石をして2時間ほどおく。

POINT
玉ねぎの水分が出ていたらOK。出ていなければもう1時間おく。

6 冷蔵庫で4〜5日ほどおく。

a
調味料がなじむように、よくもみ合わせておく。

b
玉ねぎを並べて、片面に調味料をぬっていく。

新玉ねぎのおかか漬け

食べ頃
6時間後

保存期間
冷蔵で
2〜3日

材料

・新玉ねぎ……500g（大2個）

A
・塩……小さじ1
・しょうゆ……大さじ2
・みりん……大さじ1
・酢……大さじ1
・だし昆布……適量
・けずり節……適量

作り方

1 玉ねぎは2〜3mm幅の薄切りにする（写真**a**）。

2 ボウルに**1**、（**A**）をすべて入れ、よくかき混ぜる。

3 **2**に重石をし、冷蔵庫で6時間ほどおく。漬け込みの間には、ときどきかき混ぜる。

a
半分に切ったら、根の部分は取り除いておく。

食感がよく、けずり節のいい香りで箸が進みますよ。最後にけずり節を振ってもいいですよ。

セロリの和がらししょうゆ漬け

食べ頃
3〜4時間後

保存期間
冷蔵で
7〜10日

材料

・セロリ……500g（7本程度）

A
- ・塩……小さじ2
- ・三温糖……大さじ1
- ・和がらし……小さじ1
- ・しょうゆ……大さじ2
- ・酢……小さじ2
- ・みりん……大さじ1
- ・だし昆布……適量

下準備

・セロリは葉と茎の部分を切りわけ、茎は筋を取る（写真**a**）

ピリっとした和がらしと甘じょっぱいしょうゆのクセになる味です。

作り方

1 セロリは3〜4cm幅の斜め切りにし、水気をきる。

> POINT
> 葉の部分まで全部使う。

2 **1**をボウルに入れ、（**A**）を加えてよくかき混ぜる。

3 中蓋をのせて重石をし、冷蔵庫で3〜4時間ほどおく（写真**b**）。

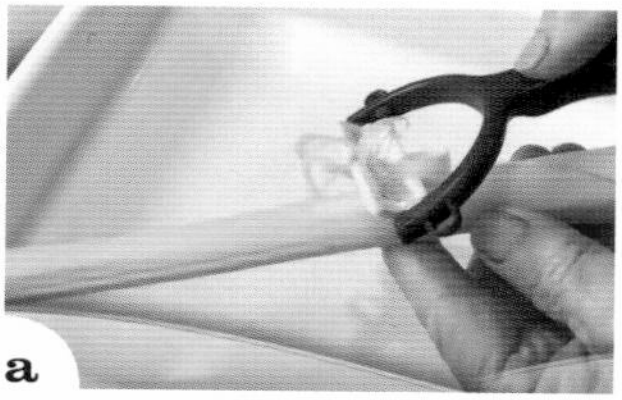

a

葉の付いていた側から根元に向けて、筋を引きながら取る。ピーラーを使ってもOK。

b

漬け込んでいる間は、ときどきかき混ぜて味をみる。

セロリとイカ燻のもみ漬け

食べ頃
1時間後

保存期間
冷蔵で
3〜4日

材料

・セロリ……200g（2〜3本）
・イカの燻製……30g
・顆粒昆布だし……小さじ1/2〜
・七味唐辛子……少々（お好みで）

POINT
昆布だしの最適な量は、イカの塩分によっても変わってくるので、小さじ1から様子を見ながら増やす。

下準備

・セロリは葉と茎の部分を切りわけ、茎は筋を取る

作り方

1 水気をきったセロリを好みの大きさに切って保存袋に入れる（写真**a**）。

2 イカの燻製を食べやすい大きさに切って**1**に加える。

3 昆布だしを加える。

4 袋をよくもんでなじませる（写真**b**）。

5 袋の空気を抜いて口を閉じ、冷蔵庫で1時間ほどおく。しんなりしたら完成。お好みで七味唐辛子などを振る。

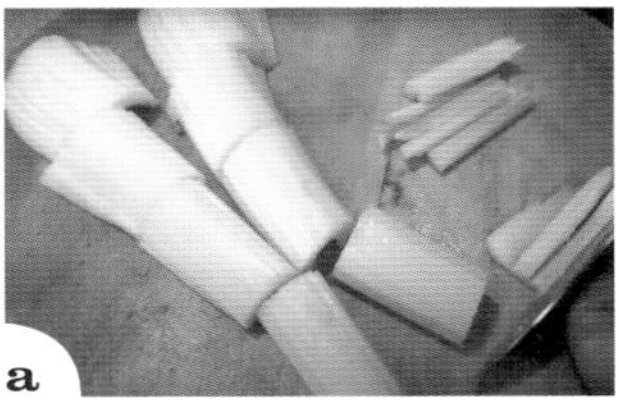

a

セロリの切り方は自由。4〜5cm長の短冊切りが食べやすい。

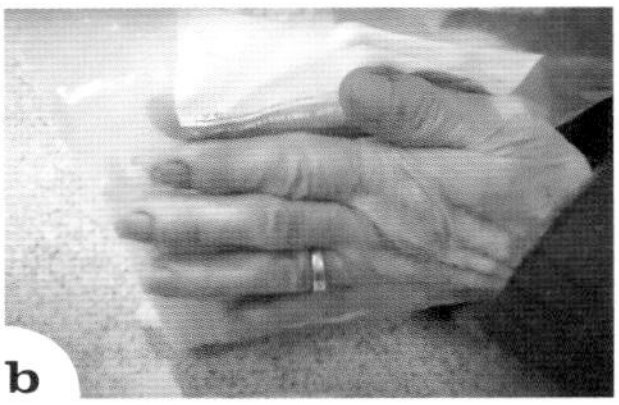

b

もむときは保存袋の上からでOK。

アスパラのにんにくしょうゆ漬け

食べ頃
完成後すぐ

保存期間
冷蔵で
2〜3日

材料

- グリーンアスパラガス……300g（大10本）
- 塩……小さじ1/2

A
- にんにく（スライス）……1かけら
- 三温糖……大さじ1
- しょうゆ……30ml
- 酢……大さじ1
- 赤唐辛子（輪切り）……適量
- だし昆布……適量

翌日まで漬けると味がよくなじみます。にんにくの香りが食欲をそそる一品です。

作り方

1 アスパラを回し切りにする（写真**a**）。

2 ボウルに**1**を入れて塩を振り、よく混ぜる（写真**b**）。

3 **2**に（**A**）を加えてよく混ぜる。

4 重石をし、ときどきかき混ぜながら冷蔵庫で3時間ほどおく。

POINT
漬け込み時間はもっと長くてもOK。試食しながら調節する。

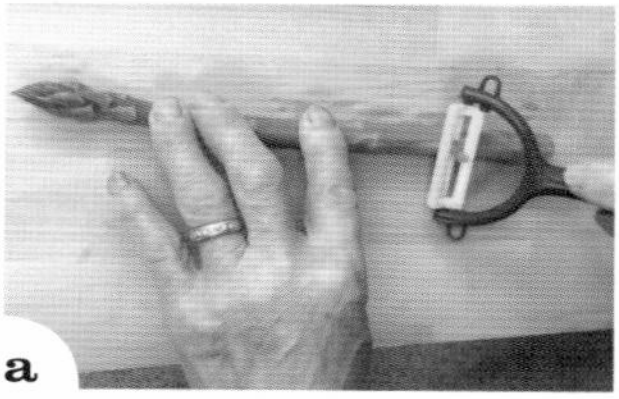

a
茎の部分はかたいので、ここだけは先に皮をむく。

b
全体に塩をなじませ、アスパラから水気が出てくるまでもむ。

アスパラの和がらし漬け

食べ頃
1日後〜

保存期間
冷蔵で
2〜3日

材料

- グリーンアスパラガス
  ……200g（大7本）

A
- 三温糖……小さじ1
- 塩……小さじ1/2
- 和がらし……小さじ1/2
- 酢……小さじ1
- 塩昆布……適量

作り方

1 アスパラの茎部分を切り落とし、3等分にする。

2 耐熱皿に**1**をのせ、ラップをして電子レンジで2分間加熱。

> POINT
> アスパラの茎は皿の真ん中など熱の通りやすい位置に並べる。

3 **2**をザルに上げて水気をきり、粗熱をとる。粗熱がとれたらキッチンペーパーでさらに水分を取る。

4 保存袋に（**A**）を入れ、もんで混ぜ合わせる。

5 **4**に**3**を入れてよくもみ、袋の空気を抜いて口を閉じ（写真**a**）、冷蔵庫で一晩おく。

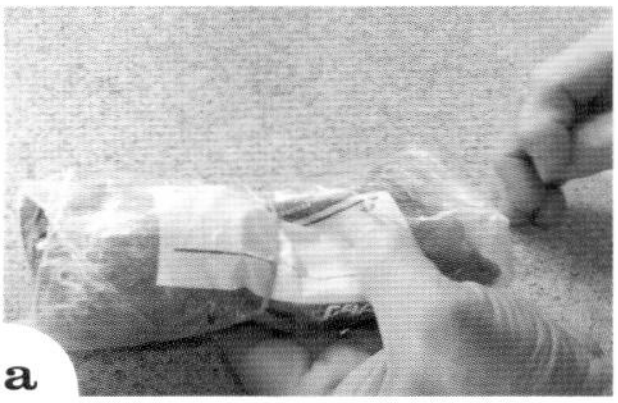

a
空気を抜いた保存袋は、丸めて輪ゴムでとめる。

コラム 3

じゅんちゃん家の漬け物暦

長期保存用

5月

- 新しょうがの甘酢漬け（32ページ）→**5**月〜**6**月下旬
- 梅干し（57ページ）→**5**月末
- カリカリ甘梅漬け（63ページ）→**5**月末〜**6**月末

6月

- あんずのシロップ漬け（139ページ）→**6**月

6月

- らっきょうの甘酢漬け（53ページ）
- らっきょうのみそ漬け（54ページ）
- らっきょうの塩漬け（55ページ）

→**6**〜**7**月

- にんにくのしょうゆ漬け（107ページ）→**6**月末〜**7**月

7月

- もものサイダー漬け（137ページ）→**7**〜**8**月

4月 → **5**月 → **6**月 → **7**月 → **8**月

一時保存用

4月

- 春キャベツの塩昆布漬け（87ページ）
- 春キャベツのゆず風味漬け（88ページ）
- 玉ねぎのみそ漬け（90ページ）
- 新玉ねぎのおかか漬け（91ページ）

→**3**〜**4**月

- ふきのみそ漬け（83ページ）
- ふきのとうのヨーグルトみそ漬け（85ページ）

→**3**月下旬〜**4**月

5月

- アスパラのにんにくしょうゆ漬け（94ページ）
- アスパラの和がらし漬け（95ページ）

→**5**〜**6**月

- 実山椒のしょうゆ漬け（99ページ）
- ちりめん山椒（100ページ）

→**5**月末〜**6**月

8月

- いちじくのコンポート（141ページ）→**8**〜**10**月

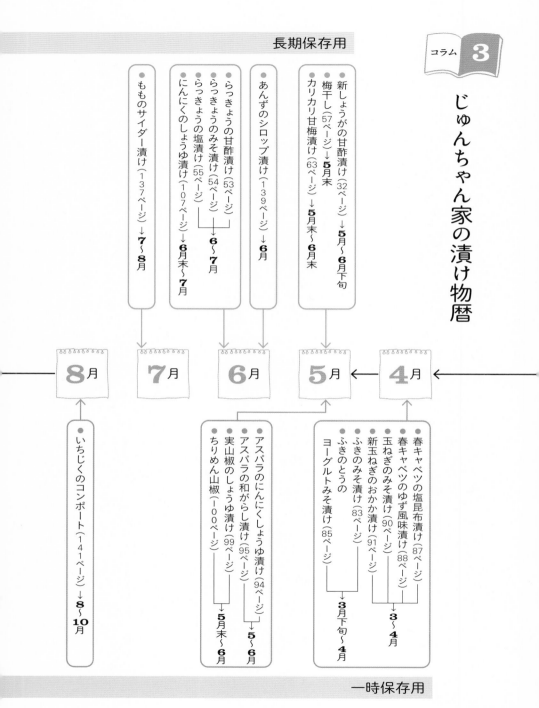

適した食材を適期に漬ける

毎日のように漬け物を作っている我が家の、漬け物暦を作ってみました。1カ月以上保存のきく漬け物を「長期保存用」と、常備菜として毎日の食卓に並ぶ漬物を「一時保存用」に分けています。

「旬の食材をいただくことでその季節を味わう」というのが我が家のモットーですので、同じ漬け物でも「この食材はこの時期に漬けるととくにおいしい」というおすすめ時期があります。本書に掲載されているレシピで漬け物を作る際は、「漬ける時期」にもこだわってみてください。ただし、地域によって野菜の出回る時期や気候が異なるので参考までにご覧ください。

9月 ← 10月 ← 11月 ← 12月 ← 1月 ← 2月 ← 3月

- きゅうりの粕漬け（41ページ）↓9〜10月
- なすの粕漬け（43ページ）
- 野沢菜漬け（51ページ）
- 栗の渋皮煮（143ページ）
- りんごジャム（133ページ）
  ↓10月末〜2月
- 大根の粕漬け（42ページ）↓11月下旬〜2月末
- 金柑の甘露煮（149ページ）↓1〜3月

- にんじんの粕漬け（113ページ）
- ごぼうのみそ漬け（115ページ）
  ↓10〜12月
- りんごの赤ワイン煮（147ページ）↓10月末〜2月
- たくあん（25ページ）↓11月〜12月
- 白菜のキムチ（71ページ）↓11月下旬〜2月末
- 長芋のみそにんにく漬け（117ページ）↓12〜3月
- せりのしょうゆ漬け（123ページ）↓1〜3月

この暦に掲載されていないものは、味などに左右されず年中お楽しみいただけます。

夏

山椒

山椒は日本では広く山地に生えている落葉樹。葉や花、実が香辛料などに幅広く使われています。今回紹介する実山椒は、6月頃が旬。新鮮なうちに処理をし冷凍保存しておけば、長く季節の味を楽しむことができます。また、山椒は漢方にも使われていて、整腸や鎮痛の効果があるとされています。

実山椒のしょうゆ漬け

食べ頃
2週間後

保存期間
冷蔵で
6カ月

材料

・実山椒……50g
・塩……ひとつまみ
A
・しょうゆ……大さじ4
・みりん……20ml
・酢……20ml

下準備

・山椒の実を茎から取る（写真**a**）
・沸騰した湯に塩を加え、山椒の実を指で潰せるくらいまでゆでる
・ゆであがった山椒の実を、冷水にさらす
・ときどき水を替えながら、アクが抜けるまで水にさらす。アクが抜けたかどうかは試食して確認
・キッチンペーパーで水分を取る

POINT
下準備済みの山椒は、保存袋に入れて冷凍しておくことで長期保存可能。

作り方

1 煮沸消毒した保存容器（びん）に下準備した実山椒を入れて**A**を加え（写真**b**）、蓋をして冷蔵庫で２週間ほどおく。

a
実山椒は茎付きで売られている場合も。早めに茎から実を取りわける。

b
もちろん、このレシピに使う実山椒は、下準備して冷凍保存していたものでOK。

ちりめん山椒

食べ頃
完成後すぐ

保存期間
冷蔵で
2〜3日

材料

- 実山椒……20g
- ちりめんじゃこ……100g
- **A**
  - 酒……100ml
  - みりん……30ml
  - 三温糖……小さじ1
  - しょうゆ……20ml

下準備

・99ページ下準備参照

作り方

1 フライパンでちりめんじゃこを乾煎りする（写真**a**）。

2 水分が飛んだら、（**A**）を加える。

3 汁が8割くらい飛ぶまで煮詰める。

4 実山椒を加え、さらに煮詰める（写真**b**）。

5 汁気がなくなるまで煮詰めたら完成（写真**c**）。

a

やわらかめのちりめんじゃこの場合は乾煎りする。かたいものならそのまま(**A**)を加える。

b

この段階で味見をして、好みに合わせてしょうゆや砂糖を調整する。

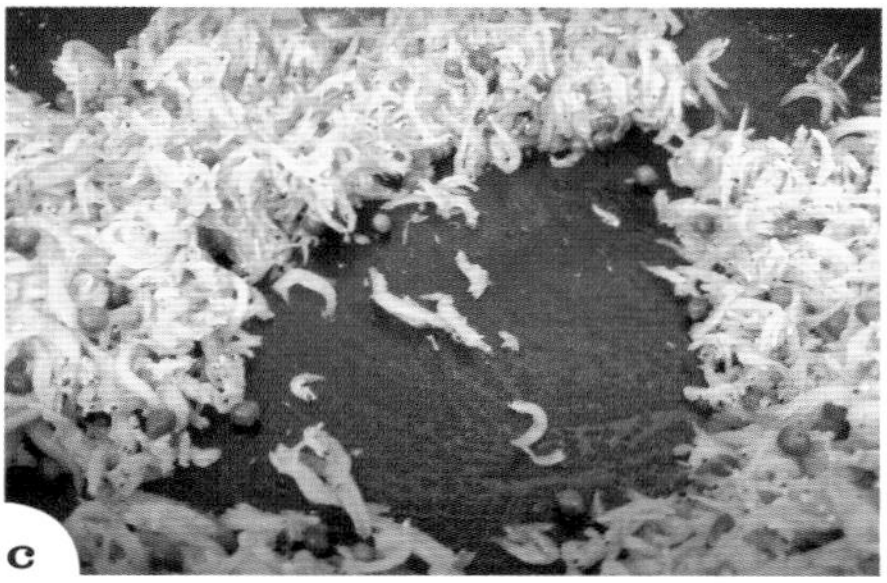

c

しっかり汁気を飛ばす。

これ一品でご飯が食べられます。口に入れた瞬間、実山椒の香りが広がります。

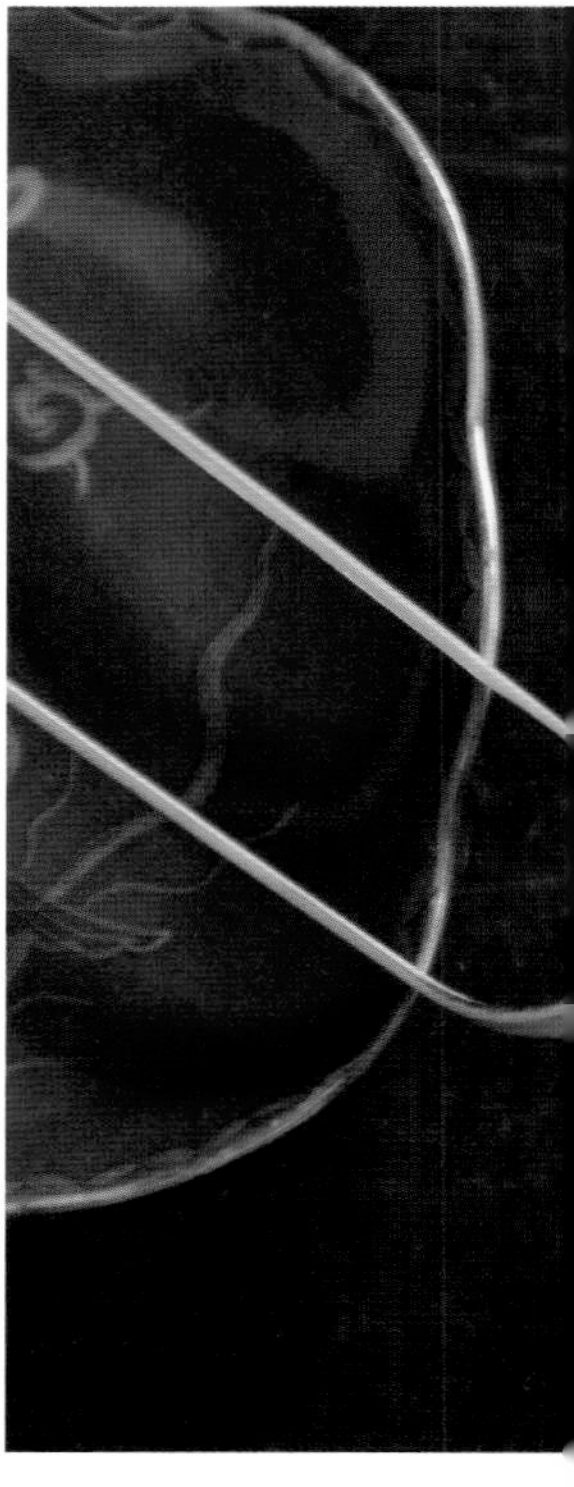

夏

オクラ

世界中で広く愛されている野菜で、日本では夏が旬。独特のねばりがあって舌ざわりがよいのが特徴。生でサラダとして食べたり、みそ汁に入れたりと幅広く使われます。また、カリウムやカルシウムを豊富に含む、栄養価の高い食材でもあります。夏バテ予防のためにも、季節になったらぜひ食べてほしい野菜です。

オクラのみそ漬け

食べ頃
1日後

保存期間
冷蔵で
1〜2日

材料

・オクラ……150g（15本）

A
・みそ……大さじ2
・三温糖……小さじ2
・みりん……小さじ2
・酢……小さじ2
・だし昆布（細切り）……適量

下準備

・オクラのへたは切り落としておく

作り方

1 保存袋に（A）をすべて入れ、もんでよく混ぜ合わせる。

2 1にオクラを入れる（写真a）。

3 保存袋ごとよくもんで、調味料をなじませる。

4 袋の空気を抜いて口を閉じ、ゴムで縛る（写真b）。

5 冷蔵庫で1日ほどおく。

POINT
食べるときはみそが付いたままでも、洗ってもOK。お好みで。

a

オクラは交互に向きを変えながら入れると、きれいに入る。

b

空気を抜くときは保存袋を丸めるようにして、最後に口を閉じるとやりやすい。

夏

ゴーヤ

ゴーヤは沖縄の伝統野菜の一つ。独特の苦味があり、ニガウリとも呼ばれます。この独特の苦味がちょっと……という人もいると思いますが、塩もみしてにんにくしょうゆを使うことで、かなりまろやかな味わいになります。栄養豊富なので、夏バテや夏の疲れを感じたときにはぜひ。夏の食卓には欠かせない食材です。

ゴーヤのにんにくしょうゆ漬け

食べ頃
1日後～

保存期間
冷蔵で
2～3日

材料

- ゴーヤ……300g（1本）
- 塩……小さじ1/2

A
- にんにく（スライス）……1かけら
- 三温糖……大さじ1
- しょうゆ……30ml
- 酢……大さじ1
- 赤唐辛子（輪切り）……適量
- だし昆布……適量

作り方

1 ゴーヤはへたを落として縦に半分に切り、種を取る（写真**a**）。

> POINT
> ワタは栄養豊富なので、なるべく残す。

2 ゴーヤを2～3mm幅に切る。このときなるべく大きさをそろえるとよい。

3 ボウルにゴーヤを入れて塩を加え、しんなりするまでもみ込む（写真**b**）。

4 **3**を保存袋に移して（**A**）を加え、もまずにやさしく混ぜる。

5 袋の空気を抜いて口を閉じ、折り返して輪ゴムで縛る。冷蔵庫で1日ほどおく。

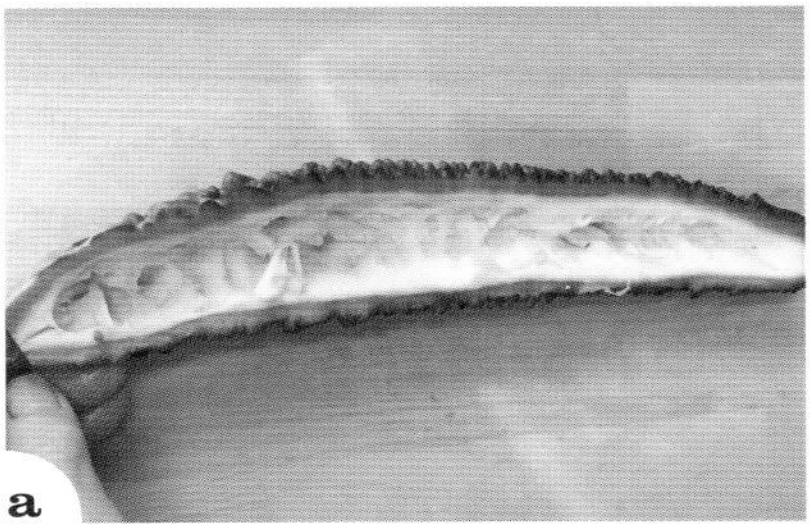

a
スプーンを使うと簡単に、きれいに種を取ることができる。

b
形が崩れないようにふわっと混ぜ込むのがコツ。

夏

にんにく

古くから香辛料、強壮剤として使われてきた野菜です。すりおろしたり小さく切ったりして香り付けに使うことが多いですが、今回は丸ごといただくレシピを紹介。収穫したてのにんにくにはスタミナ補給に役立つ成分が豊富に含まれているので、ぜひ漬けてみてください。

にんにくのしょうゆ漬け

食べ頃
1カ月後〜

保存期間
冷蔵で
2〜3年

材料

・にんにく……200g（3玉）
・酢……360ml
・しょうゆ……360ml

下準備

・にんにくはしっかり洗い、外側の皮はむいて薄皮は残す

POINT
根っこの部分は切り落としすぎない。

皮ごと漬けることで、長期間保存できます。

作り方

1 保存容器ににんにくを入れ、全体が浸るくらいまで酢を入れる。

2 風通しのよい冷暗所で半月〜1カ月ほどおく。

3 保存容器から酢を取り出し、全体が浸るくらいまでしょうゆを入れる（写真**a**）。

4 再び風通しのよい冷暗所で1カ月ほどおく。

POINT
酢漬けに使った酢やしょうゆは、漬け終わった後に漬け物・料理などの調味料として使える。

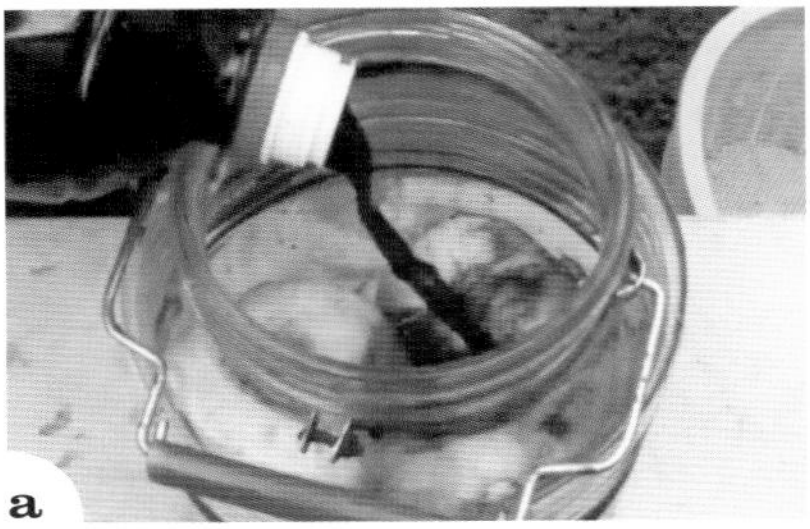

a
しょうゆは薄口でも濃口でも、どちらを使ってもOK。

大葉のにんにくしょうゆ漬け

食べ頃
1時間後
保存期間
当日

材料

- 大葉……30枚

A
- みりん……小さじ2
- 三温糖……小さじ2
- 酢……小さじ2
- しょうゆ……40ml
- にんにく……1かけら
- ごま油……小さじ1
- すりごま……小さじ1
- 一味唐辛子or七味唐辛子……適量

下準備

- 大葉は茎をカットして洗う
- 水気をきり、キッチンペーパーでさらに水分を吸い取る

POINT
大葉に余分な水分が残っていると傷みやすくなるので、水きりは念入りに。

作り方

1 ボウルか深めの皿に(**A**)を混ぜ合わせ、にんにくはすりおろして加える(写真**a**)。

2 大葉を1枚ずつ**1**にくぐらせ、保存容器に重ねて入れる(写真**b**)。

3 保存容器に蓋をして、冷蔵庫で1時間ほどおく。好みの味に漬かったら、漬かりすぎないように保存容器に移す。

POINT
107ページで作った「にんにくしょうゆ漬け」を使ってもよい。

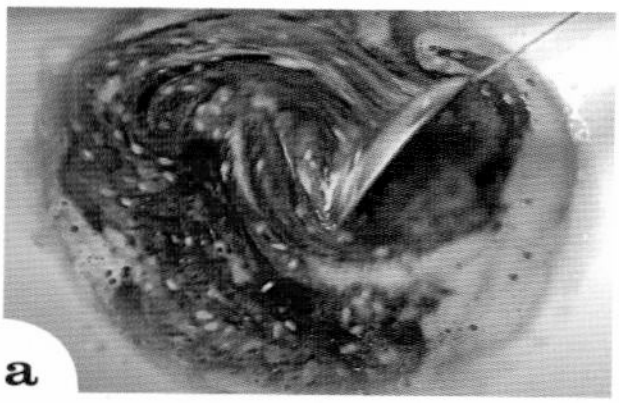

a
スプーンなどでよくかき混ぜる。

b
最後に残った汁まで、大葉で拭き取るようにして使い切る。

大葉の佃煮

食べ頃
完成後すぐ

保存期間
冷蔵で
1〜2日

材料

・大葉……100g（120枚）
・ごま油……大さじ1
・酢……小さじ1/2
・白ごま……適量

A
・黒砂糖……20g
・三温糖……20g
・しょうゆ……15ml
・酒……20ml

B
・小女子《コウナゴ》……30g
・干しエビ……15g
・昆布……15g

下準備

・108ページ下準備参照

> POINT
> 大葉はできるだけやわらかいものを使う。

作り方

1 大葉を5mm幅に切る（写真**a**）。

2 鍋にごま油をひき、切った大葉を炒める。

3 しんなりしてきたら（**A**）を入れて絡ませる（写真**b**）。

4 （**B**）を加え、混ぜながら汁がなくなるまで弱火で煮絡める。

5 酢を加えてさっと炒め、白ごまを振って完成。

a
大葉の枚数が多いのでキッチンバサミなどを使うと楽。

b
大葉をしんなりさせてから調味料を加える。

ご飯と混ぜておにぎりにしてもおいしく召しあがれます。

夏

ぶなしめじ

年中手ごろな価格で手に入るぶなしめじは、野菜高騰時などにも頼りになる食材。本来の旬は、多くのきのこと同じで秋です。きのこ類は食物繊維が豊富なのもうれしいところ。ほかのきのこを漬けてみるのもおもしろいと思いますが、やはり、ぶなしめじが一番おいしく漬かります。

ぶなしめじのみそ漬け

食べ頃
2時間後

保存期間
冷蔵で
1〜2日

材料

・ぶなしめじ（石づきなし）
……200g（1株）

A
・みそ……大さじ1/2
・酒……大さじ1
・みりん……大さじ1
・三温糖……大さじ1
・顆粒和風だし……小さじ1/2

電子レンジで加熱して調味料を混ぜるだけなので、食卓のサイドメニューにおすすめの一品です。

作り方

1 耐熱容器にぶなしめじを入れ、ラップをかけずに電子レンジで2分加熱する。

2 加熱ムラをなくすために**1**を軽くかき混ぜ、電子レンジでさらに1分加熱する。

3 **2**をザルに上げて水気をきり、粗熱をとる（写真**a**）。

4 粗熱がとれたら、キッチンペーパーでさらに水分を取る。

5 保存袋に**4**と（**A**）を入れてもむ。冷蔵庫で2時間ほどおく。

POINT
お好みで七味唐辛子などを振ってもおいしい。

a
ザル（写真は竹ザルだが、家にあるものでOK）に広げてしばらくおく。触れるくらいの温度になったら**4**へ。

b
調味料をすべて加えたら、味がなじむようによくもむとよい。

秋

にんじん

世界中で食べられている定番の野菜。オレンジ色の根の部分を食べることが多いですが、葉も食べられます。今回はにんじんの甘みをより感じられる粕漬けを紹介。にんじんは一年中手に入れることができますが、旬は10~12月頃です。安くたくさん手に入ったときに漬け込んでみては。

にんじんの粕漬け

食べ頃
1週間後〜

保存期間
冷蔵で
夏**7〜10**日
冬**3**カ月

材料

・にんじん……500g（3本）
・塩……40g
A
・中ザラ糖……100g
・顆粒昆布だし……大さじ1
・酒粕……300〜400g
・ホワイトリカー……50ml
（アルコール度数35度）

下準備

・にんじんが大きめの場合、縦半分に切る

作り方

1 保存袋ににんじんと塩を入れ、よくもみ込む。

> POINT
> にんじんを入れるときは、交互に向きを変えながら入れるとよい。

2 袋の空気を抜いて口を閉じ、重石をして（写真**a**）冷蔵で2日間ほどおく。途中、1日ほどたったら袋を上下ひっくり返す。

3 **2**のにんじんをザルに上げて水気をきる。さらにキッチンペーパーで水分を取る。

4 保存袋に（**A**）を入れ、もんで混ぜ合わせる。

5 **4**に**3**のにんじんを入れてよくもむ（写真**b**）。

6 袋の空気を抜いて口を閉じ、冷蔵庫で1週間ほどおく。

簡単に作れて、にんじん嫌いでもポリポリとたくさん食べられます！

a

保存袋はバットなどの上に置き、にんじんはなるべく平らにして重石をのせる。

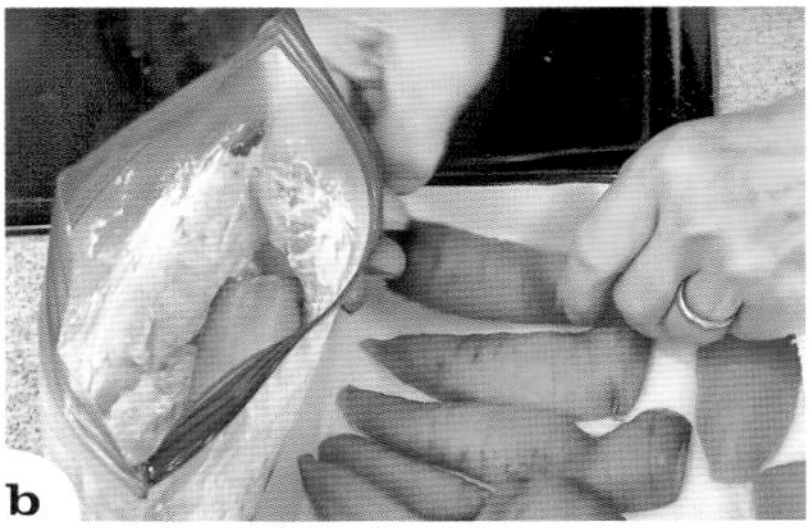

b

にんじんは大きなものから入れていくと均一に漬かりやすい。

秋

ごぼう

日本では古くから畑で育てられてきた野菜です。夏頃から根が伸び始め、旬は秋から冬にかけてです。しっかり洗えば皮をむかなくても大丈夫。ここでは、ごぼうらしい食感が残るみそ漬けを紹介します。ぜひ旬に召し上がってください。

ごぼうのみそ漬け

食べ頃
2日後〜

保存期間
冷蔵で
4〜5日

材料

・ごぼう……200g（1本）

A
・みそ……大さじ2
・酒……大さじ1
・三温糖……大さじ1
・顆粒和風だし……小さじ1/2

下準備

・ごぼうをたわしで洗い、泥を落としておく

作り方

1 ごぼうは食べやすい大きさに切る（写真**a**）。

POINT
太い場合には縦半分に切る。

2 鍋に湯を沸かし、沸騰したらごぼうを入れる。ごぼうが好みのかたさになったらザルに上げ、水気をきって粗熱をとる。

3 保存袋に（**A**）を入れて混ぜ合わせる（写真**b**）。

4 ごぼうの粗熱がとれたらキッチンペーパーでさらに水気を取る。

5 **3**にごぼうを入れてよくもんでなじませ、袋の空気を抜き、口を閉じて輪ゴムで縛る。冷蔵庫で2日ほどおく。

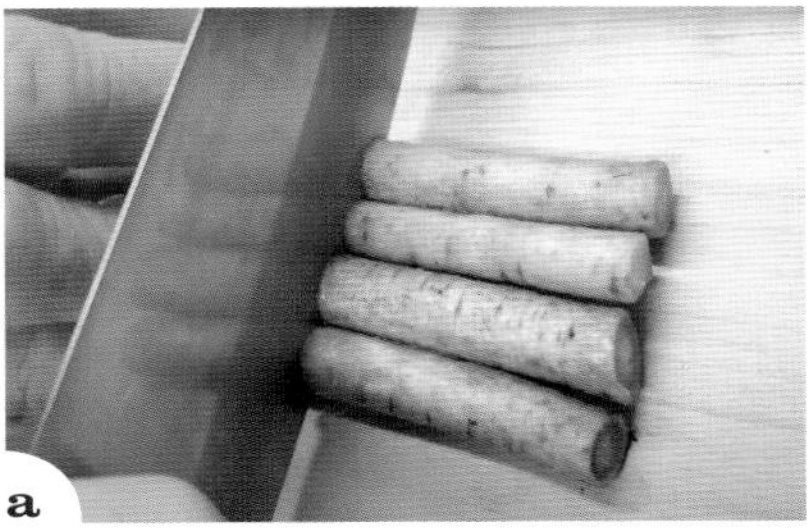

a
ごぼうの切り方はお好みで。大きさはそろえておくとよい。

b
ごぼうを煮ている間に、調味料を混ぜ合わせておくとスムーズ。

秋

長芋

長芋は便秘解消食材としても人気なうえ、栄養もたっぷり。トロロなどで食べられることの多い長芋ですが、今回のレシピではシャキシャキの食感も楽しむことができ、みそとにんにくの風味が食欲をそそります。旬は晩秋なので、夏の疲れが残っているときなどにぜひ。

長芋のみそにんにく漬け

材料

- 長芋……500g

A
- にんにく……1/2〜1かけら
- みそ……70g
- 三温糖……大さじ1
- みりん……30ml
- 酢……20ml
- だし昆布……適量
- 赤唐辛子（輪切り）……適量

作り方

1 保存袋に（**A**）を入れて混ぜ合わせる。

2 長芋は皮をむき、好みの形に切る。半月切りか斜め切りがおすすめ（写真**a**）。

3 **1**に**2**を入れ、もんでなじませる。

4 保存袋の空気を抜いて口を閉じ、折り曲げて輪ゴムでとめる（写真**b**）。

5 冷蔵庫で3時間ほどおく。

POINT
みそは洗い流さなくても、そのまま食べられる。

食べ頃
3時間後

保存期間
冷蔵で
1〜**2**日

みそとにんにくの風味で、お酒のおつまみにも喜ばれる一品です。

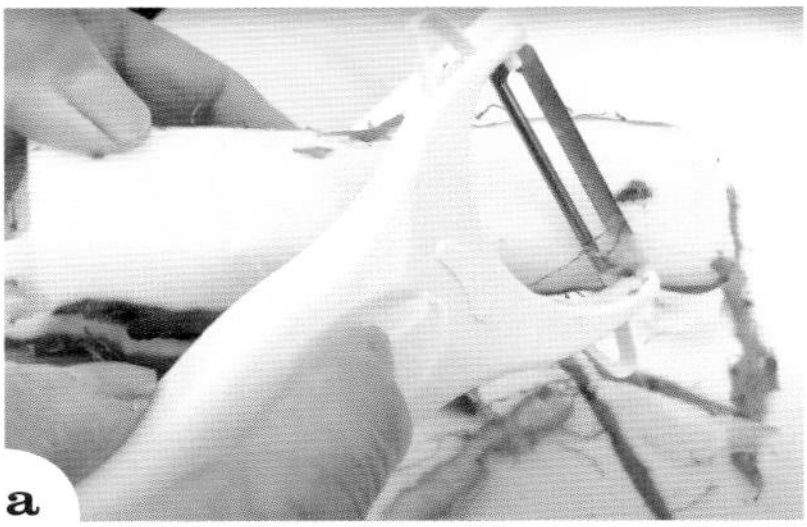

a

長芋を扱うときは、手を酢水でぬらすとかゆくなりにくい。

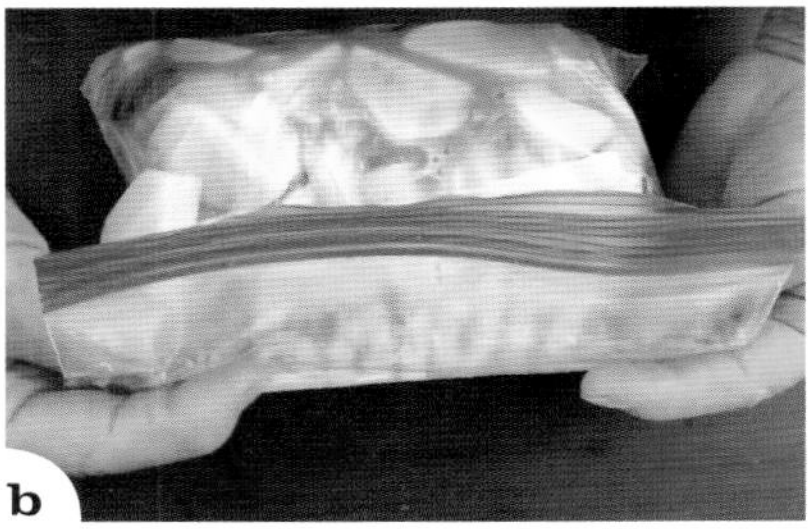

b

保存袋の口を閉じたら、あまった部分を折り曲げてから輪ゴムでとめる。長芋ギリギリのところで折り返すとよい。

冬

小松菜

筋っぽさやえぐみが少なく、食べやすい野菜です。年中出回っていますが、旬は冬。寒さに強いので、ほかの野菜が少ない冬場にはとても助かる食材です。クセのない野菜なので、いろいろな調理法でおいしく召し上がっていただけます。漬けることでさらに青臭さが消えて、食べやすくなりますよ。

小松菜の塩麹漬け

食べ頃
2日後〜

保存期間
冷蔵で
2〜3日

材料

・小松菜……200g（1束）

A
・三温糖……小さじ2
・酢……大さじ1
・塩麹（市販のものでもOK）……小さじ2
・ゆずのしぼり汁・皮……各適量

作り方

1 小松菜は2〜3cm幅に切って水気をしっかりときる。

POINT
洗うときは根の部分に切り込みを入れてから洗うとよい。

2 **1**をボウルに入れ、(**A**)を加えてもむ。

3 小松菜がしんなりしてきたら、保存袋に移してさらにもみ込む（写真**a**）。

4 丸めるようにして保存袋の空気を抜き、口を閉じて輪ゴムで縛る。この状態で冷蔵庫で2日ほどおく。

a
十分もんで水分が出てきたら保存袋に移す。

塩麹の作り方

材料

・麹……500g
・塩……150g
・湯（60℃）……500ml

作り方

ほぐした麹と塩を混ぜ合わせて炊飯器に入れ、湯を注ぐ。ときどきかき混ぜながら8〜10時間保温する。麹の芯がなくなれば完成。温度が高くなりすぎないように、1〜2時間おきにジャーをあけてかき混ぜるとよい。

小松菜のわさび漬け

食べ頃
4〜5時間後

保存期間
冷蔵で
2〜3日

材料

・小松菜……200g（1束）

A
・しょうゆ……大さじ2
・酒……小さじ1
・みりん……小さじ1
・中ザラ糖……小さじ1
・練りわさび……小さじ1

作り方

1 小松菜は3〜4cm幅に切り、水気をきる（写真**a**）。

POINT
小松菜を切るときはなるべく大きさをそろえる。

2 保存袋に（**A**）を入れ、混ぜ合わせる。

3 **2**に**1**を入れ、もんでよくなじませる。

4 袋の空気を抜き、ねじって口を輪ゴムで縛る（写真**b**）。

5 冷蔵庫で4〜5時間ほどおく。

a

根元まで使いたいので、下3分の1あたりに包丁を入れてから切っていく。

b

小松菜ギリギリのところでねじるようにして、ねじった部分をゴムでとめる。

小松菜のピリ辛漬け

食べ頃
3〜4時間後

保存期間
冷蔵で
2〜3日

材料

- 小松菜……200g（1束）

A
- しょうゆ……大さじ2
- 酒……小さじ1
- 酢……小さじ1
- みりん……小さじ1
- 三温糖……小さじ1
- 赤唐辛子（輪切り）……適量
- だし昆布……適量

作り方

1 小松菜は2〜3cm幅に切り（写真**a**）、水気をしっかりきって保存袋に入れる。

2 **1**に（**A**）を加え、よくもんでなじませる（写真**b**）。

3 保存袋の空気を抜き、口を閉じる。

4 重石をして、冷蔵庫で3〜4時間ほどおく。

POINT
ときどき袋の上下をひっくり返すと味が染み込みやすい。

a
小松菜はなるべく大きさをそろえて切っていく。

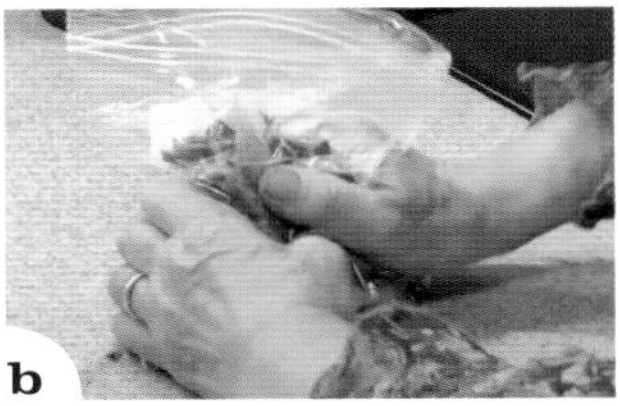

b
よくもむほど味がなじむので、しっかりもみ込むとよい。

冬

せり

水場や湿地に生える植物で、春の七草の一つとして知られています。日本原産の野菜で、古くから栽培されてきました。独特の香りがあって食感がよく、漬け物との相性もばっちりです。旬は12～4月頃。春の七草に選ばれるだけあって、ナトリウムやカリウムといったミネラル、カロテンなどを多く含み、栄養満点です。

せりのしょうゆ漬け

食べ頃
1時間後

保存期間
冷蔵で
2〜3日

材料

・せり……140g（1束）

A
・塩……ひとつまみ
・しょうゆ……小さじ2
・三温糖……小さじ1
・酢……小さじ1
・だし昆布……適量

下準備

・せりの根は切り落としておく（写真**a**）

作り方

1 せりは2〜3cm幅に切る。

2 ザルに上げ、しっかり水気をきる。

3 保存袋に**2**と（**A**）を入れ、もんでなじませる。

4 袋の空気を抜いて口を閉じ（写真**b**）、冷蔵庫で1時間ほどおく。

a

せりの根はキッチンバサミで切り落とすと楽。

b

丸めるようにすると、簡単に空気を抜くことができる。

冬

切り干し大根

切り干し大根とは、その名前のとおり細く切った大根を天日で干したものです。常温で長期間保存できるので、野菜の少ない冬の時期に重宝します。食物繊維が豊富で、カルシウムやカリウム、鉄といったミネラルも多く含んでいます。パリパリとした独特の触感があり、生の大根とはまた違ったおいしさがあります。

切り干し大根のはりはり漬け

食べ頃
翌日〜

保存期間
冷蔵で
1週間
程度

材料

・切り干し大根……100g
・湯……200ml

A
・しょうゆ……50〜60ml
・三温糖……大さじ2

B
・酢……100ml
・だし昆布（細切り）……適量
・しょうが……1かけら
・レモン汁……適量（お好みで）

下準備

・湯で切り干し大根を戻し、水で2〜3回洗い流す。戻した切り干し大根の水気をきり（写真**a**）、キッチンペーパーでさらに水分を取る

・しょうがは千切りにしておく

作り方

1　鍋に（**A**）を入れて三温糖を煮溶かす。

2　ボウルに切り干し大根を入れ、**1**の煮立った汁をかけて混ぜ合わせる。

3　**2**に（**B**）を加え、混ぜ合わせる。

> POINT
> お好みでレモン汁を加えてもOK。

4　冷めたら汁ごと保存袋に入れて空気を抜き、口を輪ゴムで縛る（写真**b**）。

a

手でもって、絞るようにしっかり水気をきる。余計な水分が残っていると、傷みやすくなるので注意。

b

保存袋を切り干し大根の上あたりでねじる。切り干し大根が汁に浸っていることが重要。

忙しい朝でものせて焼くだけ

アスパラのチーズトースト

「アスパラのにんにくしょうゆ漬け」(94ページ)を使って

食パンの上に、アスパラのにんにくしょうゆ漬けととろけるチーズをのせて焼くだけ。アスパラにしっかり味がついているので、調味料で味をつけなくても大丈夫です。もし物足りない場合はにんにくしょうゆ漬けの漬け汁を先にパンにかけておくとよい。

家にあるもので簡単うまい!

にんにくドレッシング

「にんにくのしょうゆ漬け」(107ページ)を使って

オリーブオイル、しょうゆ、塩、砂糖、酢を混ぜるだけだとシンプルなドレッシングですが、ここに刻んだにんにくのしょうゆ漬けを入れれば、一味違う自家製ドレッシングに! にんにくが効いているので、キャベツにかければお酒に合う一品になります。

見た目も味もインパクト◎

大葉冷ややっこ

「大葉のにんにくしょうゆ漬け」(108ページ)を使って

豆腐にのせるだけの簡単メニュー。味はにんにくしょうゆ漬けの漬け汁をかけて調整してください。さっぱりした冷ややっこが、にんにく風味のパンチが効いた一品へと早変わり!　暑い夏にぴったりな、おかずとしても、おつまみとしてもおすすめの使い方です。

香ばしさ×やさしい甘み

ごぼうの焼きおにぎり

「ごぼうのみそ漬け」(115ページ)を使って

しょうゆが香ばしいシンプルな焼きおにぎりもおいしいですが、中に具が入っていたらうれしくなりませんか？ 私のおすすめはごぼうのみそ漬けです。ごぼうの食感とやさしい甘さがとてもよく合います。中に入れず、刻んだごぼうをご飯に混ぜてもおいしいです。

ランチにぴったり！

小松菜塩麹のパスタ

「小松菜の塩麹漬け」(119ページ)を使って

ゆでたパスタに小松菜の塩麹漬けとベーコン、にんにくスライス、しめじを加えて炒めるだけの簡単レシピです。小松菜の塩分で味つけは十分！　黒こしょうを振ったり、輪切りの赤唐辛子を入れたりしてピリッとさせてもペペロンチーノみたいでおいしいですよ。

独特の香りがたまらない

せりと鮭のお茶漬け

「せりのしょうゆ漬け」(123ページ)を使って

ほかほかのご飯に、焼き鮭とせりのしょうゆ漬け、のりをトッピング。温かいお茶をかけたらできあがりです。焼き鮭の旨みと、せり独特の香りがクセになります。お酒を飲んだあとや食欲がないときはもちろん、さらさら食べられるので朝ご飯にもおすすめです。

コラム 4

漬け物とあわせて楽しむお皿

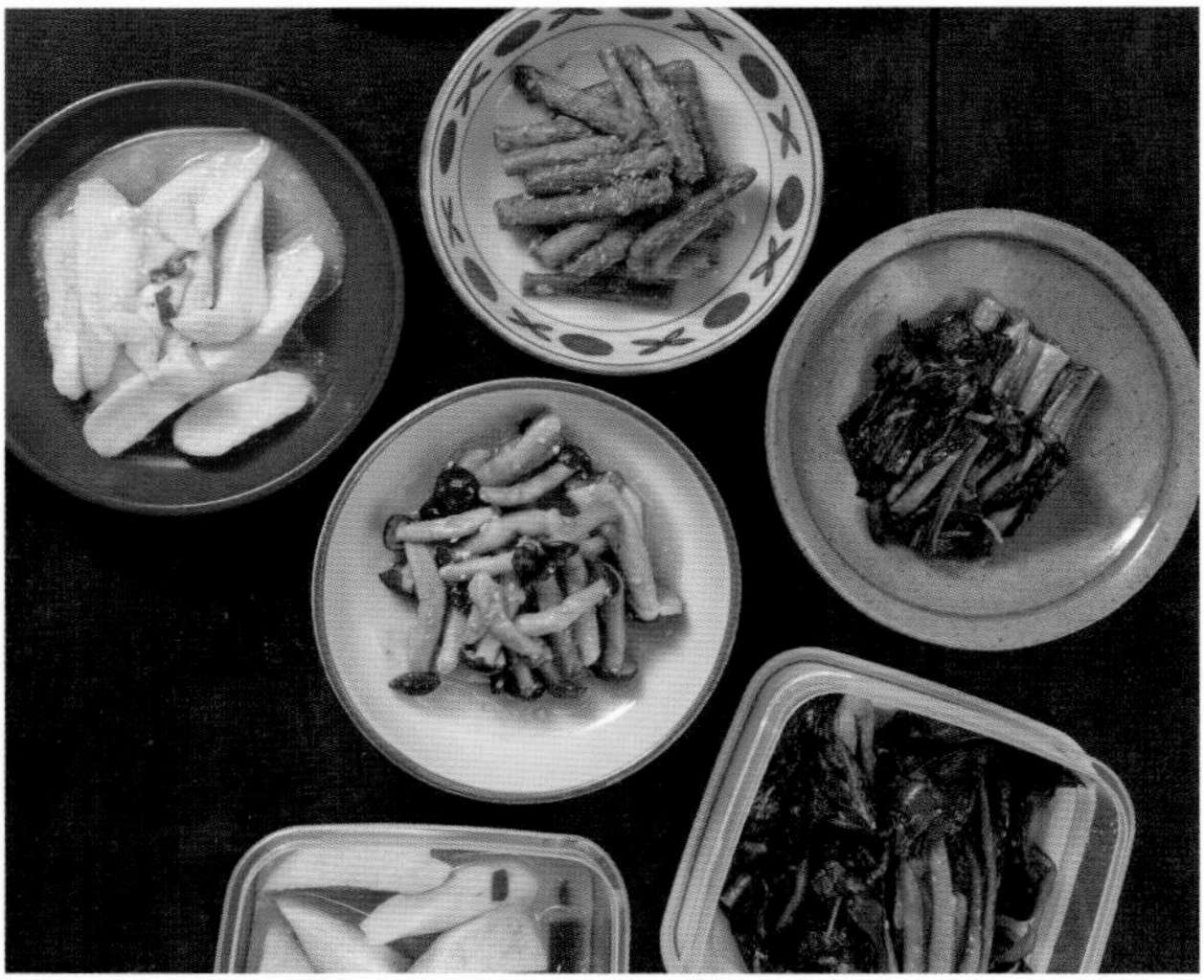

立派な一品になるようお皿選びもこだわって

漬け物といえば小皿に盛られているか、ご飯に添えられているもの、というイメージがあるかもしれません。しかし我が家では、おかずやお茶請けの立派な一品として、漬物が食卓に並びます。それも、一種類ではなく複数並ぶことが当たり前で、どんぶりのような大きな器で出てくることだってあります。たとえ2〜3時間で作った即席漬けでも、お皿選びによっては手の込んだ料理見えるようになるので、手は抜けません。

漬け物の色が映えるお皿を選ぶと◎

この本で紹介している漬け物は、たくさんの食材を使っているので色合いもさまざま。たとえばきれいな赤の梅干しであれば、真っ白な器にのせても映えますし、花柄の器に盛ってもかわいいです。彩豊かな漬け物ですから、柄が主張しすぎるものや、派手な色の器は我が家ではあまり使いません。やはり主役は漬け物ですので、漬け物の色が映える器を選ぶとよいでしょう。また、少しゆったりと盛り付けられる大きさの器を選ぶことをおすすめします。

小さめのお皿は、ちょこっと盛った漬け物をたくさん食卓に並べる際に重宝します

真っ白なお皿はどんな漬け物の色も映えます。形がかわいいことと、少し大きめでゆったり漬け物を入れらるので気に入っています

個性的なお皿は、漬け物との相性は◎。同じ種類の小さなお皿と合わせて使うとより雰囲気が出ます

外側は派手ですが内側がシンプルなお皿であれば、漬け物もちゃんと引き立ててくれます

3章

果物の漬け物と保存食

甘みとみずみずしさを閉じ込め、長期間楽しむことができます。
お茶請けやおやつにぴったりです。

ジャム

日本でいう漬け物のように、ヨーロッパで古くから親しまれている、果物や野菜を砂糖で煮詰めた保存食です。砂糖を加えて加熱濃縮することで水分が抜けて傷みにくくなるため、長期間保存できます。食べきれない果物を使えば、無駄にならずにすむのでおすすめです。

りんごジャム

食べ頃
完成後すぐ

保存期間
冷暗所で
1年程度

材料

・りんご……1kg
・グラニュー糖……500g
・レモン……1個

下準備

・ボウルにりんごの変色を防ぐための塩水を作っておく

> POINT
> 長期保存する場合、保存容器（びん）は必ず煮沸消毒する。

作り方

1 りんごは皮をむいて芯を取り、厚さ3mmほどのいちょう切りにして塩水に入れる。

2 レモンをしぼり、レモン汁を用意する。

3 **1**をザルに上げ水気をきる。

4 **3**を鍋に入れて**2**とグラニュー糖を加える。よく混ぜ合わせたら、火にはかけず10分ほどおく（写真**a**）。

5 **4**を弱火で30分ほど煮る。

6 中火にして水分が少なくなるまで煮詰める。アクが出てくるのでときどき確認して取り除く。

7 水分が少なくなってきたら弱火にして、焦げ付かないよう混ぜながら、とろみが出るまで煮詰める（写真**b**）。

> POINT
> ジャムは冷めるとかたくなる。あまり煮詰めすぎないよう注意。

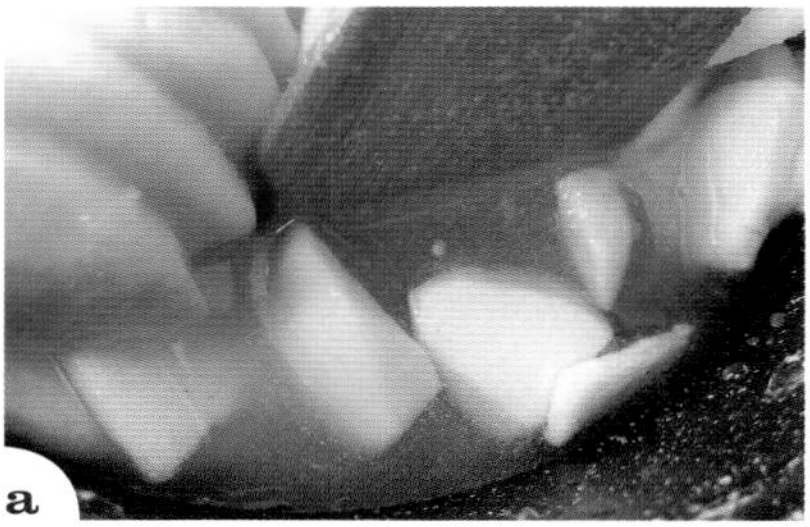

a

レモン汁とグラニュー糖を加えて10分ほどおくと水分が出てくる。これを火にかける。

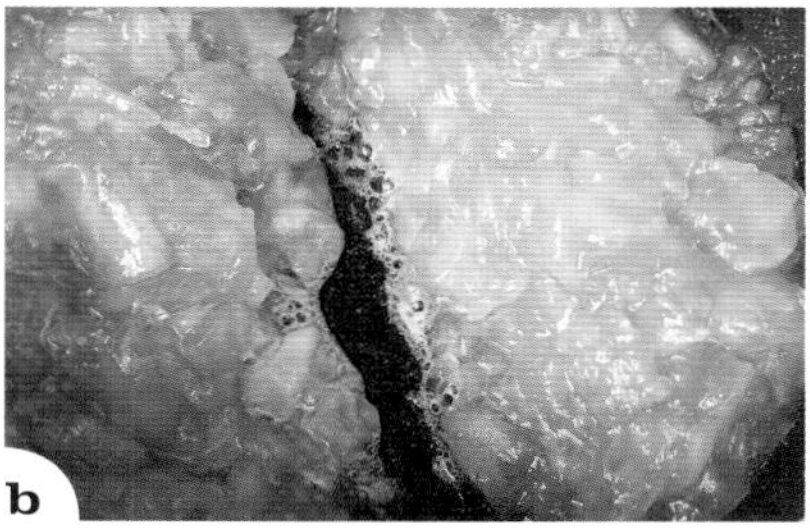

b

少しとろみが出たら完成。

こんな果物もジャムにできます

いちご

材料
・いちご……500g
・グラニュー糖……250～300g
・レモン汁……1個分

作り方

1｜いちごはよく洗いへたを取る。

2｜鍋にいちごを入れ、分量の半分のグラニュー糖を加えて絡め、1時間ほどおく。

3｜果肉をマッシャーで潰す（潰し加減はお好みで）。

4｜残りのグラニュー糖を少しずつ加えながら中火で20分ほど煮る。しばらくするとアクが出てくるので取り除く。

5｜煮ている間にレモン汁を用意して、最後に加えてとろみが出るまで煮詰める。

ブルーベリー

材料
・ブルーベリー……300g
・グラニュー糖……100～150g（ブルーベリーの重さの30～50%）
・水あめ……小さじ1
・レモン汁……大さじ1と1/2

作り方

1｜鍋にブルーベリーを入れ、手で大まかに潰す。

2｜グラニュー糖を加えて絡めたら、水分が出てくるまでおく。

3｜20分ほど煮たらレモン汁を加える。

4｜最後に水あめを加え、アクを取りながらとろみがでるまで煮詰める。

キウイ

材料

・キウイ……500g（5個）

・グラニュー糖……150g

・レモン汁……適量

作り方

1 キウイはよく洗って横半分に切り、スプーンで実をくりぬく（茎のかたい部分は取り除く）。

2 鍋にキウイの実を入れてグラニュー糖とレモン汁を加え、火にかけ煮溶かす。

3 中火にして15分ほど煮詰めるとアクが出てくるので、ときどき確認して取り除く。

4 とろみが出るまで煮詰める。

ぶどう

材料

・ぶどう……400g（1房）

・はちみつ……適量

作り方

1 ぶどうの実を一粒ずつ皮から取り出す。皮は捨てずにネットに入れる。実と皮、はちみつを鍋に入れて煮る。

2 煮ているとアクが出てくるので時々確認して取り除く。

3 30〜40分煮ると実から種が外れる。いったん火から下ろす。

4 ザルでこし（写真a）、皮と種を取り除いたら、とろみが出るまで再び煮詰める。

a

サイダー漬け

フルーツを使った保存食といえば、先に紹介しているジャムや次のページのシロップ漬けなどを想像する人が多いと思います。これらも実際に作ってみるとそれほど難しくはないのですが、もしかしたら少しとっつきにくく感じる人もいるかもしれません。そんな人におすすめなのが、身近な材料だけで作れるサイダー漬け。保存容器の煮沸をしっかりすることで、十分、長期保存が可能です。

もものサイダー漬け

食べ頃
完成後すぐ

保存期間
冷暗所で
1年程度

材料

- もも……750g
- サイダー……300〜400ml
- レモン汁……大さじ2

下準備

- 保存容器（びん）と蓋、箸などの道具類を煮沸消毒しておく（写真**a**）

> **POINT**
> 材料のサイダーは、保存容器（びん）475mlを2本使って漬けた場合の目安。保存容器やもものサイズ、ももの切り方によって必要となる分量が変わるので、少し多めに用意するとよい。

a

保存容器の煮沸は容器を回しながら15分ほど行う。まずは容器を10分ほど煮沸したら、容器の蓋や箸などの道具類も加えてさらに5分煮沸。

b

ももはレモン汁とサイダーの漬け汁ごと保存容器に移す。漬け汁は保存容器いっぱいになるまで注ぐ。

作り方

1 ボウルにレモン汁とサイダーを入れ、混ぜ合わせる。

2 ももをくし形切り（4等分か8等分、お好みで）にして皮をむき、切ったものから**1**に入れる。

3 煮沸消毒した保存容器（びん）に**2**を移し（写真**b**）、蓋を軽く閉める。

> **POINT**
> ももがある程度入ったら、容器の底をたたくと隙間なく入る。

4 保存容器が入る大きさの鍋に、保存容器が1/3浸るだけの水と**3**を入れて火にかけ、沸騰してから鍋に蓋をして15分殺菌する。

5 一度鍋から保存容器を取り出して容器の蓋をしっかり閉めてから、鍋に戻してさらに15分殺菌する。

6 保存容器を取り出して、天地をひっくり返した状態で冷ます。

シロップ漬け

砂糖を水で煮溶かしたシロップに果物などを漬けたものです。砂糖の浸透圧で漬けることで水分が抜けて長期間保存できるようになります。季節の果物をこのように加工しておけば、年中楽しめるのでおすすめです。りんご、なし、もも、いちじくなどを漬けてみてもよいでしょう。

あんずのシロップ漬け

食べ頃
約**1**カ月後

保存期間
冷暗所で
1年程度

材料

・あんず……600g

A
・塩……小さじ1
・酢……30ml
・水……適量

B
・グラニュー糖……250g
・水……350ml

下準備

・保存容器（びん）と蓋を煮沸消毒しておく
・あんずは傷つかないよう注意しながら洗っておく
・ボウルに（**A**）を入れて混ぜ合わせておく

作り方

1 あんずに入っている筋に沿って包丁を入れる。そのままあんずを回して半分に割る。種を取り除いたら（**A**）に入れる（写真**a**）。

POINT
塩＋酢水に浸しておくことであんずの変色を防止する。

2 あんず種をビニール袋に入れる。それをカナヅチでたたき割って中の杏仁を取り出す（写真**b**）。

3 鍋に（**B**）を入れ、煮溶かしてシロップを作る。

4 ザルに**1**を上げて水気をきったら、煮沸消毒した保存容器に入れて、**3**を保存容器の口のところまで注ぐ。

5 **2**を2〜3粒ほど入れて蓋を軽く閉める。

6 137ページの**4**〜**6**の手順で、保存容器ごと煮沸消毒を行う。

a

断面を下にして漬けるとよい。

b

あんずの種の中にある杏仁を取り出す。これを入れると香りが強く出ておいしくなる。

コンポート

コンポートとは果物を水と砂糖で煮詰めたものです（ワイン蒸をこう呼ぶ場合もあります）。形が崩れにくく、ジャムなどに比べると糖度も少ないので、果物自体の食感や風味を楽しむことができます。ヨーグルトやパウンドケーキに加えてもおいしく食べられます。

いちじくのコンポート

食べ頃
完成後すぐ

保存期間
冷凍で半年〜1年程度

材料

・いちじく……900g
・氷砂糖（ロックタイプ）……450g
・ホワイトリカー……150ml
（アルコール度数35度）

下準備

・いちじくは洗って、つまようじで穴を数カ所開ける。茎は短く切っておく（写真**a**）

作り方

1 鍋にいちじく、ホワイトリカーを入れる。氷砂糖の1/3の量をはじめに加えて、鍋に蓋をして弱火で20分ほど煮る。

POINT
氷砂糖を少しずつ加えることで浸透性がアップし、やわらかく仕上がる。

2 さらに残りの氷砂糖の半分を加えて中火で30分ほど煮る。鍋に落とし蓋をして、アクが出てきたら取り除く（写真**b**）。

3 火を止めたら落とし蓋を取り、そのまま翌日までおく。

4 **3**に残りの氷砂糖を全部加えて弱火で煮る。氷砂糖が溶けて、てりが出れば完成。

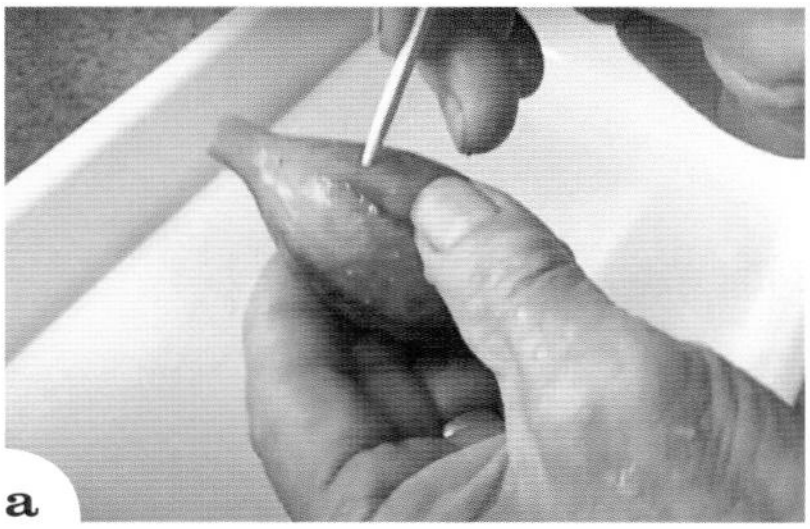

a

いちじくはつまようじで穴を開けておくとふっくら煮上がる。茎が長いものは短く切る。

b

落とし蓋をすることで形を崩さずきれいに煮ることができる。

栗の渋皮煮

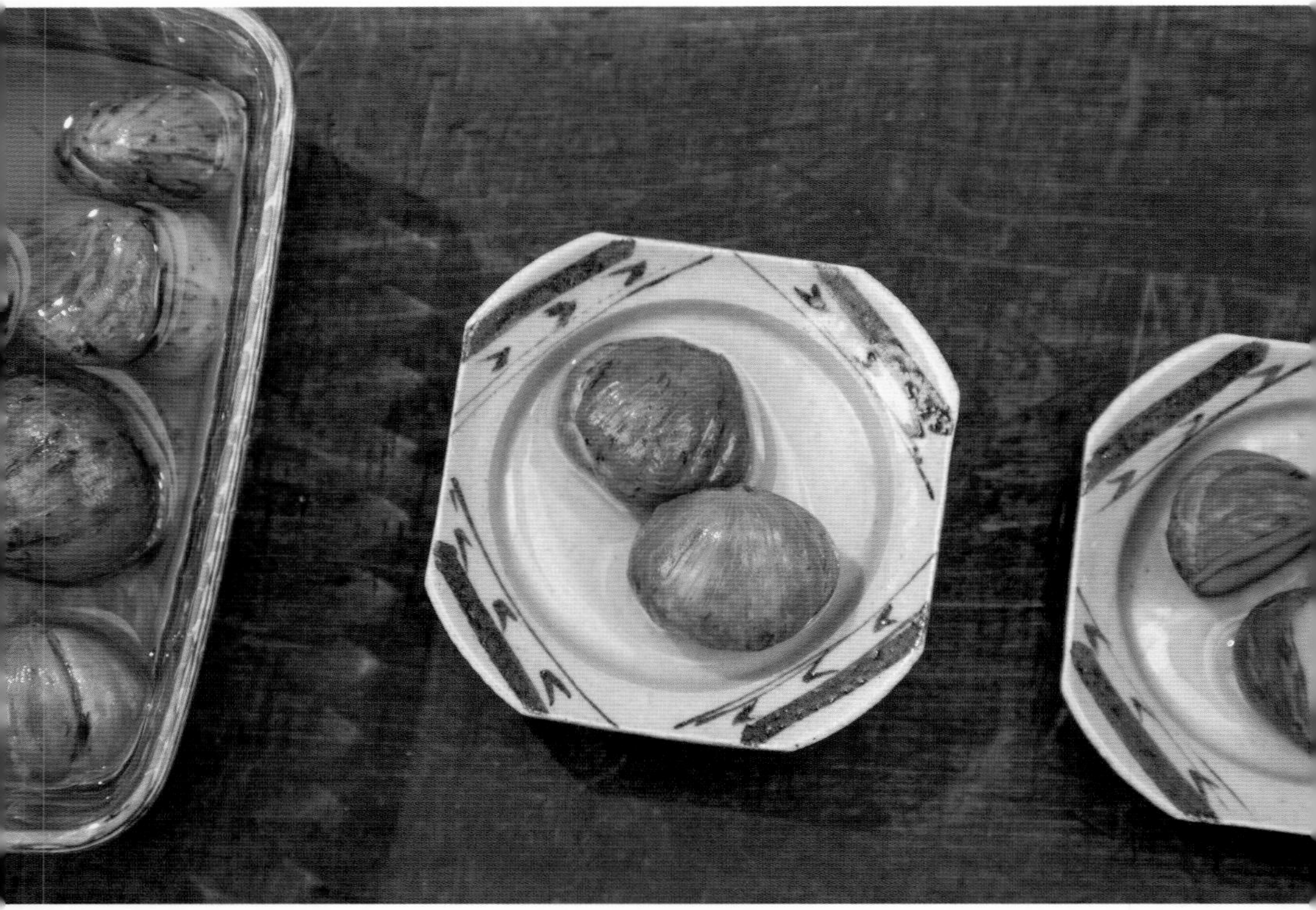

栗の渋皮を残したまま煮たもののことです。渋皮を残すことで、栗そのものの風味と香りをより楽しむことができます。難しい印象がありますが、熱湯に浸すことで皮が楽にむけるなど、ポイントを知っておけば意外と簡単です。少し手間はかかるかもしれませんが、YouTubeでもとくに人気のある絶品レシピです。ぜひ一度チャレンジしてみてください。

栗の渋皮煮の作り方

材料
・栗……1kg

栗を選ぶPOINT
・新鮮であること
・色艶があること
この条件を満たしていると皮がむきやすい。

下準備
・湯を沸かしておく

作り方
1 鍋に栗を入れて、栗全体が浸るくらいまで熱湯を注ぐ。

2 鍋の蓋をして30〜40分ほどおく。

3 栗の底の部分に包丁を少し入れて（写真**a**）、栗の上側のほうへ皮を引っ張るようにしてむく。

POINT
栗の皮は外側の茶色い「鬼皮」と内側の薄い「渋皮」に覆われていて、それをむくと中から黄色い実が出てくる。今回は外側の鬼皮だけをむいて、渋皮は傷つけないよう注意。

1 皮をむく

a
栗の底の部分に少し包丁を入れて、栗の上のほうに向かって皮を引っ張る。

NG
黄色い実が見えているこの状態は失敗。渋皮を傷つけてしまわないように丁寧にむく。

2 煮立てる

材料

- 皮をむいた栗
- 重曹……小さじ2/3

A
- 酒……大さじ2
- しょうゆ……大さじ1
- グラニュー糖……500g
- 水……280〜290ml

作り方

1 皮をむいた栗を鍋にいれる。栗がかぶるくらいの水を加えて中火にかける（写真**b**）。

2 ふつふつと泡が出てきたら、渋皮の渋みを取るために重曹小さじ1/3を加える。

3 沸騰したらすぐ火を止める。上から水を注いで鍋の中の水を入れ替える。

4 残った渋皮を取り除く（写真**c**）。

5 **4**を鍋に戻す。栗が隠れるくらいたっぷりの水を注いで中火にかける。

6 ふつふつと泡が出てきたら、もう一度重曹小さじ1/3を加えて15分煮立てる。

7 火から下ろして鍋の中の水を取り替える。栗が隠れるくらいたっぷりの水を注いで中火にかける。

8 栗につまようじがスッと刺さるくらいやわらかくなったら、（**A**）を加えて、中火で10分煮る。

> POINT
> グラニュー糖は数回に分けて加えると栗がかたくならずおいしく仕上がる。

9 **8**を火から下ろして煮汁ごと一晩休ませる。

b
栗が浸るギリギリではなく、少し多めに水を入れる。

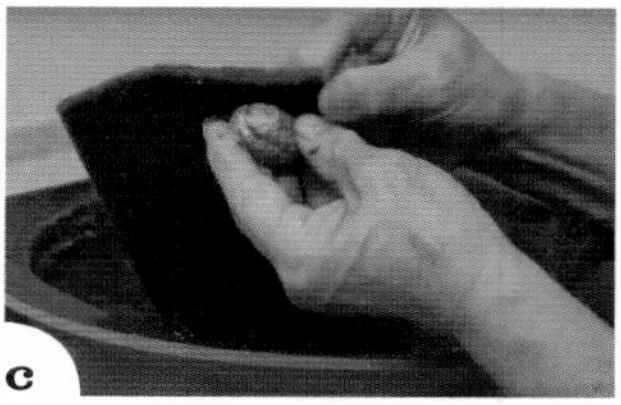

c
溝の渋皮はつまようじの頭や、ナイロンたわしを使って、渋皮を傷つけないよう、やさしく取り除く。

> POINT
> この段階で、すべての渋皮をきれいに取り除く。以降の工程では、実がやわらかくなって潰れやすいので。

3 びん詰め

食べ頃
完成後すぐ

保存期間
冷暗所で
1年程度

材料

・一晩休ませた栗
・グラニュー糖……100g
・水……280〜290ml

※栗のサイズによって分量を調節

下準備

・保存容器（びん）と蓋を煮沸消毒しておく。サイズは中くらいがよい

保存用の汁を別に作ったほうが、渋みがとれて味もよくなります。

作り方

1 鍋に水とグラニュー糖を入れて煮立て、保存用に使う漬け汁を作る。

> **POINT**
> 保存用に作った汁に入れたほうがきれいな色で、渋みが抜けておいしく仕上がる（写真**d**）。

2 煮沸した保存容器に栗を移す（写真**e**）。

3 **1**を**2**の口のところまで注いで、軽く蓋を閉める。

4 137ページの**4**〜**6**の手順で、保存容器ごと煮沸消毒を行う。

d

左が煮た汁にそのまま入れたもの、右が保存用の汁に入れたもの。右の汁のほうは澄んでいるので仕上がりがきれい。

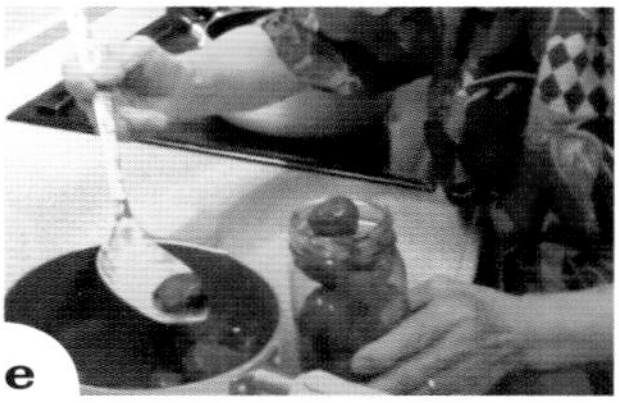

e

なるべく煮立てたときの汁が入らないように保存容器に栗を移す。大体15個くらい入る。

赤ワイン煮

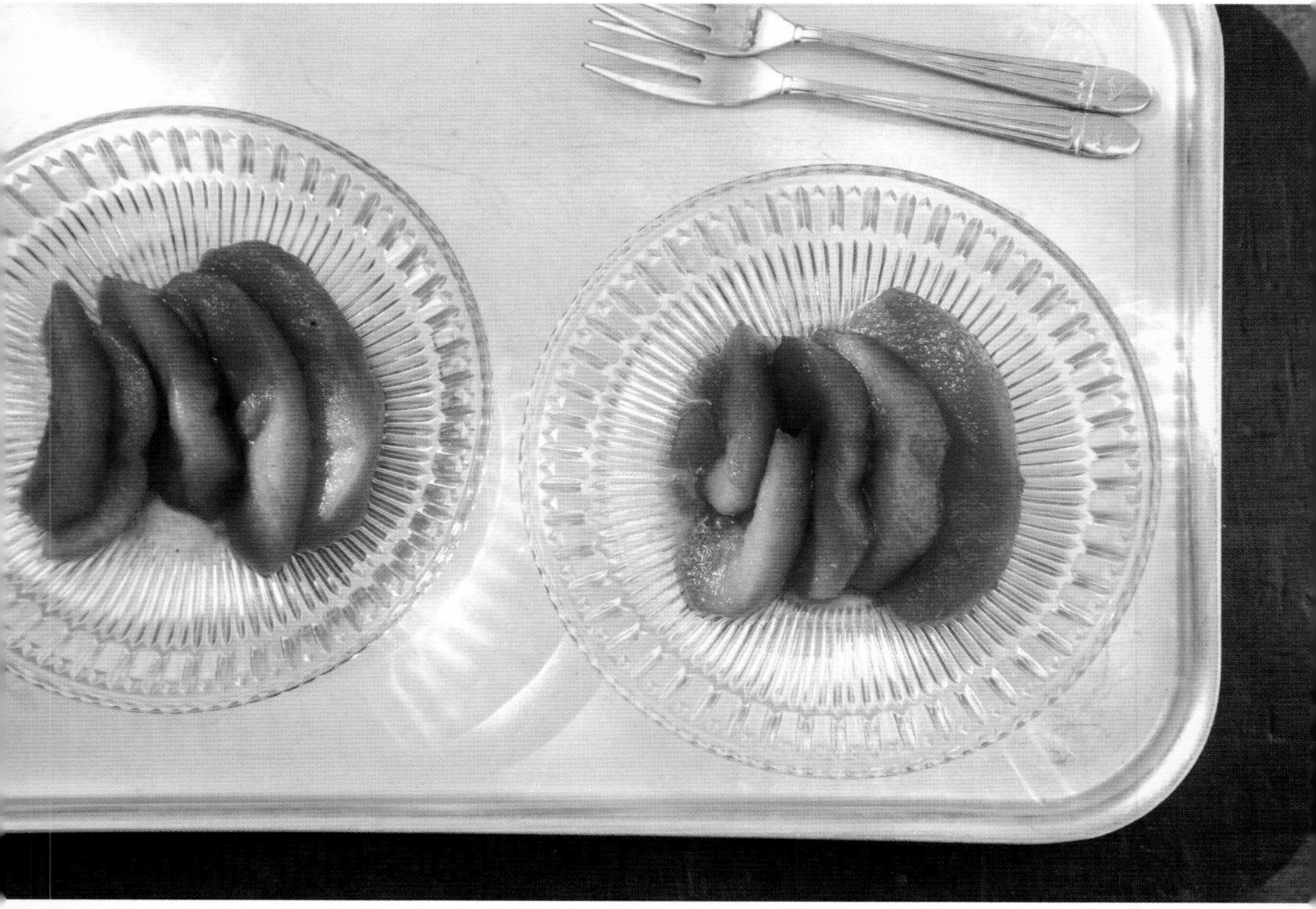

果物をワインで煮込むヨーロッパの保存方法で、コンポートとも呼ばれます。ジューシーな味わいと濃い甘みが魅力です。そのまま食べてもおいしいですがヨーグルトやアイスクリームとも相性がよいので、ぜひ一緒に食べてみてください。りんご以外に、いちじくや干し柿を煮てもおいしいです。

りんごの赤ワイン煮

食べ頃
完成後すぐ

保存期間
冷蔵で**5**日
冷凍で半年程度

材料

・りんご……1kg
・赤ワイン……150ml
・はちみつ……大さじ2
・レモン汁……小さじ1

作り方

1 りんごはよく洗い皮をむいて好みの大きさに切る（写真**a**）。

2 赤ワインを入れた鍋に**1**を加える。

3 **2**にはつみつとレモン汁を加えて中火で煮込む。アクが出てきたら取り除きながら煮詰める。

4 水分が減ってきたら好みのタイミングで火を止めて完成（写真**b**）。

a
切り方、大きさはお好みでOK。ヨーグルトに入れたりする場合は小さめに切るのがおすすめ。

b
20分ほど煮詰めると水分がなくなってくる。食感を残したい場合は早めに火から下ろし、やわらかくしたい場合はもう少し煮詰める。

甘露煮

砂糖やみりん、しょうゆなどを加えた水で、艶が出るように甘く煮詰めたものです。保存がききますので作りおくことも可能。ちょっとしたお茶請けやおもてなし料理にぴったりです。果物以外に、魚などを煮ることもあります。

金柑の甘露煮

食べ頃
完成後すぐ

保存期間
冷蔵で
1カ月
冷凍で
半年程度

材料

- 金柑……350g
- ホワイトリカー……200ml
（アルコール度数35度）
- 氷砂糖（ロックタイプ）……100g

作り方

1 金柑はへたを取って（写真**a**）、きれいに洗う。つまようじで5カ所ほど穴を開ける。

2 鍋に**1**とホワイトリカー、氷砂糖を入れて、中火でかき混ぜながら煮詰める。アクが出てきたら取り除く。

> POINT
> 煮汁が広がらないよう小さめの鍋を使うとよい。

3 煮汁が半分～1/3くらいになったら火を止めて、冷めたら完成（写真**b**）。

a

金柑は最初につまようじでへたを取る。

b

泡が出て、照りが出たらOK。

果物の甘みでより濃厚に

りんごジャムの肉じゃが

「りんごジャム」（133ページ）を使って

ジャムの使い道といったら、パンにつける、ヨーグルトに入れるくらいしか思いつかず、余らせてしまう……という声が多いです。意外かもしれませんが、うちでは肉じゃがの上にトッピングして食べています。甘さが濃厚になっておいしいのでおすすめです。

子どもに大人気！

りんごジャムのカレー

「りんごジャム」（133ページ）を使って

カレーにすりおろしりんごを入れて作る、というのはポピュラーですが、じつは、りんごジャムをトッピングするだけでもおいしいんです。各人の好みに合わせて甘みを調整できますし、子どもたちも喜ぶ人気メニューになります。2日目のカレーの味変にも。

果物の食感を楽しむ

ジャムの簡単ゼリー

お好きな「ジャム」（133～135ページ）を使って

うちでは余ったジャムがおやつになります。湯にジャムを混ぜて、そこに湯で溶いたゼラチンを加え、器に流し込んで、冷やすだけなのでとっても簡単。甘みが足りない場合は砂糖を加えて調整してください。作ったゼリーの上にジャムをトッピングしてもGOOD。

しっとりふかふか
栗ケーキ

「栗の渋皮煮」（143ページ）を使って

材料

- 栗の渋皮煮（ラム酒に一晩漬けておく）……5粒ほど
- 卵……1個
- 上白糖……30g
- ヨーグルト（無糖）……200g
- ホットケーキミックス……200g
- アーモンド……10粒

作り方

1 卵をボウルに入れしっかりかき混ぜ、徐々に上白糖を加えながら混ぜ合わせる。

2 **1**にヨーグルトを加えしっかり混ぜ合わせる。

3 ホットケーキミックスを徐々に加えながら、ダマにならないようゆっくり混ぜ合わせる。

4 ラム酒に一晩漬けた栗の渋皮煮と、細かく刻んだアーモンドを加えて混ぜ合わせる。

5 炊飯器に**4**を流し入れる。釜を少し高いところから落として空気を抜き、炊飯スイッチを押す。

6 スイッチが切れたら竹串などで刺して、生地が付いている場合はもう少し炊飯して火を通す。

7 十分に火が通り、粗熱がとれたら完成。

やさしい甘さにほっこり
栗きんとん

「栗の渋皮煮」（143ページ）を使って

材料

- 栗の渋皮煮……5〜6粒
- さつまいも……500g
- くちなしの実……2個
（色付け用なのでお好みで）

A
- グラニュー糖……80〜100g
- みりん……大さじ2
- はちみつ……大さじ1
- 塩……少々

作り方

1 さつまいもは皮を厚めにむき、3cmほどの輪切りにする。水に10〜15分ほど浸して、アクを抜いておく。

2 フォークなどの尖ったものでくちなしの実を刺し、穴を開けてお茶パックに入れる。

3 水気をきった**1**と**2**を鍋に入れる。それが浸るくらいの水を入れて、中火で煮る。

4 竹串がスッと刺さるくらいさつまいもがやわらかくなったら、湯を捨て温かいうちにマッシャーで潰す。

5 **4**に（**A**）を加え、弱火で煮る。

6 栗の渋皮煮を適当な大きさに切り、**5**に加える。

7 全体に熱が入るまで煮る。あとで成形する場合は水分が蒸発するまで煮て練る。

8 鍋から下ろして粗熱をとる。ラップに適量のせて、口を絞り丸く成形する。

漬け物づくりで困ったときのQ&A

実際に漬け物を漬け始めてみると、
どうしていいか迷う場面も出てくると思います。
ここでは、視聴者さまからよくいただく
ご質問への回答をまとめました。

Q1 お砂糖の使い分け（ざらめや三温糖、上白糖など）には目安はありますか？

A 漬ける野菜や漬け方で変えています

砂糖は種類によって味が違います。漬け物により使う砂糖を使い分けています。ざらめと三温糖はコクのある甘みを出したいときに使います。ざらめは時間をかけて作る漬け物に、三温糖は即席漬けに使うことが多いです。上白糖は白い野菜の色を残したいときに使っています。

Q2 だし昆布を入れるレシピが多いですが、これはなぜでしょうか？ 手元にないのですが、入れないとダメですか？

A 旨味を加える役割で入れています

あまり漬け物になじみのない方だと、だし昆布を入れるイメージはないかもしれません。だし昆布や昆布だしは旨味を加えるためによく使われます。レシピにある場合は必ず入れるようにしてください。

Q3

新玉ねぎや春キャベツなどのレシピは、ふつうの玉ねぎやキャベツでも楽しむことができますか？

A

できれば新玉ねぎや春キャベツを使ってください

ふつうの玉ねぎやキャベツでも作ることはできますが、食感や味わいがかなり変わってしまいます。新玉ねぎや春キャベツが出回る時期に、作っていただくことをおすすめします。

Q4 作り方には水が出てくると書いてありますが、あまり水分が出てきません。何が悪かったのでしょうか？

A 野菜の分量にあったサイズの容器（ボウル・桶）を使いましょう。

分量に見合わない大きなサイズの容器を使うと、重石の圧がかからない箇所ができてしまい、結果として水の上がりが悪くなります。また、塩もみが不十分だと、水の上がりに影響します。たっぷりと野菜から水が出てくるまで、もみ込みましょう。

Q5 レシピの野菜の量が多くて食べきれません。レシピから野菜の量を減らしても大丈夫ですか？

A 野菜を減らす場合は、調味料も減らしてください

ちょっと量が多いと感じる場合や、逆に野菜が安いときにもっとたくさん漬けておきたいという場合もあると思います。野菜の量は変えていただいて大丈夫です。そのときは調味料も野菜と同じ比率で増減してください。たとえば、野菜の量を半分にする場合は、調味料の量も半分にします。

季節の味を
楽しもう！

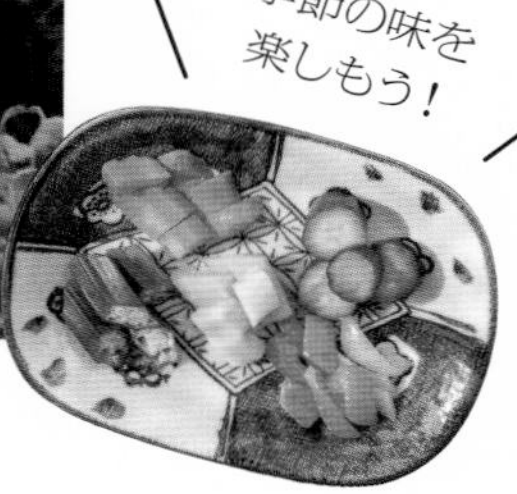

Q6

旬を逃してしまったようで、材料が手に入りません。何か対策はありませんか？

A

インターネット通販であれば買える場合もあります。

地域や季節によっては手に入りにくい食材もあると思います。甘梅を漬けるときにしそが手に入らないという質問を受けたことなどもありますが、寒暖差で同じ時期に手に入らない地域があるようです。ただ、ほかの地域であれば問題なく手に入る場合もあるので、インターネットで探してみてはいかがでしょう。

Q7

漬け物といえば和食のつけ合せでご飯のお供、というイメージです。あまり和食を食べないので、漬けてもてあましてしまう気がします。

A 洋食のつけ合わせとしても楽しんでいただけます。

漬け物をご飯のお供としてだけ召し上がっていただくのはもったいないと思います。漬け物自体が十分、一品のおかずになりますし、洋食と一緒に召し上がっていただいてもおいしいですよ。この本で紹介した漬け物でいえば、次のものなどは洋食の肉料理・魚料理のつけ合わせにぴったりです。

［**肉料理**］
・かぶのはりはり漬け（29ページ）
・セロリの和がらししょうゆ漬け（92ページ）
・小松菜のピリ辛漬け（112ページ）

［**魚料理**］
・かぶの甘酢漬け（33ページ）
・玉ねぎのみそ漬け（90ページ）
・長芋のみそにんにく漬け（117ページ）

Q8

野菜を干すタイミングは？ 洗ってから干す？ 干してから洗う？

A 野菜によって異なります

干してから洗うか干す前に洗うかは、野菜によって異なります。たとえば白菜であれば、先に洗うと崩れやすいので、干してから洗っています。しんなりして扱いやすくなります。野沢菜も同様です。干す前に洗う野菜と、干した後に洗う野菜の代表的なものは次のとおりです。

［**干す前に洗う**］
・きゅうり
・だいこん

［**干した後に洗う**］
・白菜
・野沢菜

Q9

加える調味料の分量ですが、干す前と干した後、どちらの重さを基準にすればいいでしょうか？

A

野菜によって異なります。作り方を見て判断してください。

計量のタイミングは、野菜により変わりますので、作り方の説明に従ってください。記載のないものは、干す前の計量です。

Q10

漬け物を漬けていると冷蔵庫の臭いが気になります。何か対策をされていますか？

A

炭を入れています

慣れてしまったので気にならない、というのが正直なところです。一応心がけているのは、密閉できる容器に入れて保存することでしょうか。それと、冷蔵庫には防臭として炭を入れています。

さくいん

ませき じゅんこ

漬物系YouTuber。1941年生まれ。信州在住。長年にわたり、季節ごとの食材を使った漬け物・保存食づくりを研究。2016年よりその知識・知恵を集約させたレシピ動画をYouTubeで配信している。田舎の母の味が人気を呼び、総再生数は470万回以上。食材のうまみを感じられるレシピは日本のみならず、海外からも好評。

Twitter @tuke_jun
Instagram @jun.tuke
Facebook @tukejun
Blog https://ameblo.jp/jun-tukemono/

YouTubeチャンネル
漬物名人じゅんちゃん

本文デザイン	三木俊一＋髙見朋子（文京図案室）
カバーデザイン	三木俊一
撮影	奥村暢欣＋ませき じゅんこ
撮影協力	UTUWA
スタイリング	本郷由紀子
編集協力	川崎友里恵＋遠藤昭徳（株式会社クリエイティブ・スイート）
執筆協力	東野由美子
校正・校閲	株式会社ぷれす

四季を感じる保存食
まいにちの漬け物

著　者　ませき じゅんこ
発行者　池田士文
印刷所　日経印刷株式会社
製本所　日経印刷株式会社
発行所　株式会社池田書店
〒162-0851
東京都新宿区弁天町43番地
電話03-3267-6821（代）
FAX 03-3235-6672

落丁・乱丁はお取り替えいたします。

ISBN 978-4-262-13065-1

［本書内容に関するお問い合わせ］
書名、該当ページを明記の上、郵送、FAX、または当社ホームページお問い合わせフォームからお送りください。なお回答にはお時間がかかる場合がございます。電話によるお問い合わせはお受けしておりません。また本書内容以外のご質問などにもお答えできませんので、あらかじめご了承ください。本書のご感想についても、弊社HPフォームよりお寄せください。
［お問い合わせ・ご感想フォーム］
当社ホームページから
https://www.ikedashoten.co.jp/

21000008